W9-CIG-154

絶対に使える英文eメール作成術

大島さくら子

角川SSC新書

はじめに

　e-mailは、今日ではビジネス上必要不可欠のコミュニケーションツールです。そして、いかに簡潔で失礼のないメールを短時間で書けるかが、ビジネスシーンで勝ち抜くための大切な要素になってきています。自分の書くe-mailが、自分自身や所属する会社、組織そのものを表すと言っても過言ではありません。

　Your e-mail is as much a part of your professional image as the clothes you wear, the greeting on your voice mail, and the handshake you offer.
「e-mailは、身につけている洋服、留守番電話に残す挨拶、そして握手の仕方と同様、プロとしてのあなたのイメージの一部です」

　これは欧米でよく言われていることですが、e-mailがビジネス社会での自分のイメージ作りに、大きな影響を及ぼしているということを端的に表しています。

　本書は、英文e-mailでのコミュニケーション能力をアップさせるだけでなく、e-mailの礼儀作法をマスターし、プロフェッショナルとしての印象も同時に向上させていくことを目的としています。本書が、皆様のグローバルビジネスの発展の一助になれば幸いです。

大島さくら子

本書の内容と使い方

Chapter 1　英文e-mailの書き方

英文e-mailの基本的な書き方と礼儀作法を紹介、説明しています。英文e-mailには、ある程度決まった型があり、便利に使い回すことができます。この定型表現を目的別に紹介しています。

Chapter 2　シチュエーション別 例文150

さまざまなビジネスシーンで、よく使われるメールをサンプルメールとして、紹介しています。各サンプルメールは、「表現したい内容の日本語」の後に、「それらを英文にするとどうなるのか」が、分かるように構成してあります。

ただし、「件名」と「本文」のみですので、その他のメールの構成要素である「敬辞」、「挨拶」、「結びの文章」、「結辞」、「署名」はChapter 1を参照し、うまく組み合わせて、どんどん応用、活用して下さい。

また各サンプルメールには、気を付けるべき「ポイント」や、「語彙」の解説、そして「その他の表現」を必要に応じて載せています。

「各サンプルメール」と「その他の表現」の英文を以下のアドレスで公開しています。
コピー＆ペーストをしてご活用下さい。
http://www.sscom.co.jp/shinsyo/eibunemail

絶対に使える英文eメール作成術

目次

Chapter 1　英文e-mailの書き方

Chapter 2　シチュエーション別 例文150

その他のお知らせ

商取引に関わる通知をする

確認をする

依頼をする

Chapter 1
英文e-mailの書き方

1. ネチケット

　e-mailのやり取りでは、最低限守らなければならないエチケットがあります。そのエチケットのことをnetwork + etiquetteの合成語でnetiquette（ネチケット）、あるいはe-mail courtesy（e-mailの礼儀作法）と言います。

　ネチケットのポイントは、以下の3つです。

・プロフェッショナルであること　Be professional.
・わかりやすいこと　Be universal.
・良い印象を与えること　Make a good impression.

　これら3つのポイントをふまえて、大切なネチケットの詳細項目を以下に紹介します。

❧迅速に返信する

　毎日膨大な量のメールを受け取る現代のビジネスシーンでは、届いたメールを素早く処理しないと、大切なメールをうっかり放置してしまう、もしくは未処理のまま削除してしまう可能性があります。e-mailでのコミュニケーションの最大の利点の1つは、「即時性」です。できる限り迅速に返信をしましょう。

　内容が複雑で返信に時間がかかる場合や、多忙ですぐに返信できない場合は、まずメールを受信したことを伝え、いつまでに返信するというメッセージを送るのが礼儀です。その際に使える例文が次になります。

（例1）「申し訳ございませんが、ただ今、あわただし
　　　　くしております。後ほど返信いたします」
　　　　I apologize, but I am occupied at the moment.
　　　　I will reply to you at my earliest opportunity.

（例2）「メッセージを受け取りました。金曜日までに、
　　　　お返事いたします」
　　　　Thank you for your e-mail. I will reply to you
　　　　by Friday.

　出張や休暇などで長期不在になる場合は、可能であ
れば自動応答機能を活用して、不在である旨を通知し
ておくと良いでしょう。不在通知の例文は、81ペー
ジをご覧下さい。

🍂即答は求めない

　受信メールに対しては迅速な返信を心がけますが、
自分が送信したメールに対しては、少しゆったり構え
て即答は求めないという心構えも必要です。
　相手が多忙であることや、すべての人が常にメール
をチェックするわけではないことなどを、頭に入れて
おきます。

🖊 適切な文字とフォーマットを使う

　メールのフォーマットには、文字データのみを送受信する「テキスト形式」と、文字の修飾や色を変えたり、背景を付けたり、画像の貼り付けも可能な「HTML形式」があります。ただし、せっかく凝ってHTML形式でメッセージを送っても、相手のメールソフトによってはHTML形式では表示できない設定になっている場合がありますので、基本的にはプレーンなテキスト形式で送るようにします。

　一般に海外へ送るメールは、半角英数文字で入力するようにします。英語環境では、全角の文字・記号などは文字化けしますので注意して下さい。

🖊 すべて大文字で書かない

　大文字だけの文章は非常に読みにくいだけでなく、e-mailメッセージやネット上では、叫んでいるか怒っていることを意味します。一部を強調したい場合、大文字を使わず、* (アスタリスクマーク)や_ (アンダーバー)を使います。

(例1)「このサービスは会員専用です」
　　　This service is *only* for members.

(例2)「締切りは今週の金曜日、午前11時です」
　　　The deadline is _this Friday at 11：00 am_.

　ただし、次のように一語であれば、大文字を使って強調しても嫌な印象を与えることはありません。

（例1）「ご理解を心より感謝いたします」
　　　　We REALLY appreciate your support.

（例2）「このメールには返信しないで下さい！」
　　　　Please do NOT reply to this mail ！

＊前ページの（例1）This service is *only* for membersのonly
　も一語ですので、This service is ONLY for membersにしても
　問題ありません。
＊「！（エクスクラメーションポイント）」は、ビジネスメール
　で使えるのは、通常、1つです。「!!」のように2つ、ある
　いはそれ以上使うと、大げさかふざけた印象を与えてしま
　います。

✒ すべて小文字で書かない

　通常、文章及び固有名詞の最初の1文字と、1人称
の「I」は大文字にしますが、中には文章すべてを小文
字で書く人がいます。これは単に、シフトキーを押し
ながらタイプするのが面倒、あるいは小文字だと優し
い印象を与えるという理由のようですが、ビジネスで
はNGです。小文字だけの文章は相手に怠惰な印象を
与えます。

🐤 男女の区別のない言葉を使う

　メールだけでなく、通常の会話などにも必要とされる重要なことですが、性別を限定しない言葉＝無性語を使うようにします。性別を限定する言葉は、英語では差別用語です。それらを使うと、教養・常識がない人、最悪の場合sexist（性差別主義者）、という印象を持たれる可能性があります。

（例）

差別用語	無性語
businessman（会社員）→businessperson / office worker	
chairman（会長）	→chairperson
steward / stewardess（客室乗務員）　→cabin attendant	
housewife / househusband（主婦 / 主夫）	
	→homemaker

　性別を限定する言葉以外にも、人種・民族・宗教・身体的特徴・障害などで差別をする言葉を使ってはいけません。このような差別のない言葉を、PC（＝Politically Correct＝非差別）用語と言います。無性語も非差別用語に含まれます。

（例）

差別用語	非差別用語
Oriental（東洋人）	→Asian
handicapped（身体障害者）	→ physically challenged
fat（でぶ）	→ overweight

✒簡潔で的を射た文章を書く

　文章は短く簡潔にまとめます。相手がスクロールなしでも読める長さが理想です。スクロールが必要な場合でも、最初の表示画面で大事なことは分かるように、結論を最初に書きます。

✒スペル、句読点のチェックをする

　e-mailによるコミュニケーションは、英文レターよりかなりカジュアルなので、ちょっとしたスペルミスや、句読点の間違いなどはあまり気にしなくても良いと思っている人もたくさんいます。友人同士でのやり取りならそれも許されるかもしれませんが、ビジネスメールではNGです。

　書き終えたら、必ずスペルチェック機能を使いましょう。ただし、スペルチェック機能は、misspell（スペルミス）はチェックできてもmisuse（使用ミス）はチェックできません。必ず送信する前に読み直し、時間的な余裕があれば同僚や上司などに校正してもらうのが良いでしょう。

　また、句読点が正しく打たれているかを確認することも重要です。コンマやピリオドがきちんと用いられていない文章は非常に読みにくいだけでなく、違った意味にとられる場合もあります。

　スペルや句読点のミスをなくし、メッセージが正確に伝わるように心がけましょう。自分の書いた文章が、自分のビジネススキルや会社のイメージに直結していることを、忘れないで下さい。

✎ファイルの添付に気を付ける

ファイルを添付する場合は、基本的に相手に送っても良いかどうかを確認するようにします。世界の多くの国では、まだまだダイアルアップでの接続が主流です。出張先で滞在しているホテルなどで、ダイアルアップ接続でメールを読むこともあるでしょう。その際、添付ファイルのサイズが大き過ぎると、ダウンロードに時間がかかり、受け取る側に負担をかけることになります。莫大な長距離電話料金を、支払わなくてはいけなくなるケースもあるのです。

なお、添付ファイルを送る場合は、大きなものは数回に分けるか圧縮します。英語環境では日本語や全角英数字は文字化けしますので、ファイル名は必ず半角英数字で付けます。

✎顔文字と略語に注意する

顔文字は、emoticonと言います。「感情＋アイコン」のemotion + iconが語源で、smileyとも言います。face letter / markとは言いません。

顔文字をビジネスメールで使用しても良いかどうかですが、基本的にNGです。ただし、相手との間柄や内容によっては、限定的に使う場合もあります。なお、英語と日本語の顔文字は違います。主な顔文字は59ページを参照して下さい。

また、文章を簡略化するために、略語が使われます。ただし、その略語をすべての人が知っているわけではないので、理解してもらえなかったり、誤解を招いた

り、混乱させることがありますので、多用は避けるべきです。主な略語は、58ページをご覧下さい。

✒ CCとBCCの使い方に注意する

CC（＝Carbon Copy）は、メールの宛先(To)以外の複数の関係者に同じメールを一斉に送信できる便利な機能です。この場合、送信先の全員のメールアドレスが表示されます。公開を意図しない人同士のメールアドレスが不用意に公開されることのないようCCへのアドレス入力の際は、十分気を付けて下さい。

また、CCで送受信を繰り返すうちに内容が細分化され、関係者が絞り込まれるケースもあります。初めのうちCCでリストに入っていた人でも、直接の関係がなくなれば送信を続ける必要はありません。むしろ、不要なメールを送り続けるのは、相手にとって迷惑です。送信する前に、CCのリストを見直すなどして、適宜判断しましょう。

BCC（＝Blind Carbon Copy）は、CCと同じく複数の関係者に同じメールを一斉に送信できる便利な機能ですが、CCと違ってBCCに入力したアドレスは、相手側には表示されません。不特定多数の相手に同一のメールを送る場合などに、プライバシー保護の観点からよく利用されます。

ただし、BCCで送られたメールの返信をする際は注意が必要です。例えば、受信したメールのCCに複数のアドレスが入力されており、自分はBCCで送られた

にもかかわらず、CCと勘違いして「全員へ返信」ボタンをクリックして返信し、送信者がそのメールをToとCCの受信者には秘密で送ったことが分かって気まずい思いをするケースがあります。特に、複数のアドレス入力がある場合は、自分のアドレスがどこに入力されているのかを確認しましょう。

✏️許可なくメッセージをコピー、転送しない

受け取ったメールの内容を一部であっても、相手の許可なくコピーしたり転送したりするのは基本的にNGです。

✏️開封確認通知に注意する

開封確認通知機能によってメールを開いたかどうかをいちいち確認するのは、相手に「信用されていない」というような印象を与える可能性があります。また、受け取り通知を送るかどうかは受信者側で決められますので、必ずしも通知が届くとは限りません。この機能は、どうしても開封確認が必要な法的手続きを含む内容や、極めて重要なビジネスの内容のメールのときだけに使用するようにしましょう。

✏️パーソナライズする

「文章は短く簡潔に」が原則ですが、あまりに機械的なメールは相手に冷たい印象を与え、ちゃんと読んでもらえなかったり、返信をもらえる確率が低くなったりする可能性があります。個人名が分かっている場合

は必ず敬称を付けて名前を書き、わからない場合でも親しみを込めた一言を添えるなどしてパーソナライズしましょう。

　ビジネスメールには、長々とした挨拶や社交辞令は必要ありませんが、あくまでもスクリーンの向こう側でメールを受け取るのは、生身の人間であることを忘れてはいけません。数秒を使ってHow are you?やHi, などを付けるだけで、ぐっと相手との距離が縮まります。詳細は、40ページをご覧下さい。

2．メールの全体構成

To:	chris_tanabe@earthz.com ①
Cc:	danniel.smith@abcdglobal.com ②
Bcc:	③
Subject:	Change in Appointment August 20 ④

Dear Chris, ⑤

I hope things are well with you. ⑥

I am terribly sorry but I cannot visit you tomorrow because of an urgent matter. ⑦

Could we possibly move our appointment to this Thursday? ⑧

I look forward to hearing from you. ⑨

Regards, ⑩
Kaoru ⑪
.... ⑫

Kaoru Ishida（Ms.）
Section Chief
Overseas Department
ABCD Global, Inc.
5-7-3 Kita Azabu, Minato-ku,
Tokyo, Japan 107-0052
Tel / Fax： +81 3-3454-xxxx

［⑤から⑪の日本語訳］

> クリス様
> お元気のこととお察しいたします。
> 大変申し訳ありませんが、急用で明日御社にお伺いできなくなりました。
> お約束を今週の木曜日に変更していただくことは可能でしょうか。
> お返事をお待ちしております。
> 薫

①	宛先	To
②	CC	Carbon Copy
③	BCC	Blind Carbon Copy
④	件名	Subject
⑤	敬辞	Salutation
⑥	挨拶	Greeting
⑦	本文(結論)	Conclusion
⑧	(詳細)	Details
⑨	結びの文章	Closing Sentence
⑩	結辞	Complimentary Close
⑪	署名	Signature
⑫	署名欄	Signature Block

　次のページから、この「メールの全体構成」に沿って「効果的なメールの書き方とコツ」、そしてそれぞれの項目を詳しく説明していきます。

3．効果的なメールの書き方とコツ

メールの目的をはっきりさせる

　メールを書く前にまず目的を明確にします。メールを書く目的は、以下の3つに大別されます。

1　情報を提供する(報告)
2　質問などの答えを求める(問い合わせ)
3　具体的な行動を求める(依頼)

結論を先にもってくる

　通常の英文レターでは「導入→本論→結論→結び」の順になりますが、ビジネス英文e-mailでは基本的に本論より結論が先にきます。

　導入には挨拶がまったくなく、敬辞のみの場合もあります。前のページの例にもあるように、詳細では結論の補足情報を述べます。本書では、結論と詳細を合わせて本文としていますが、本文に詳細がなく、結論だけの短いものもたくさんあります。

読みやすく簡潔に

　1文字インデント(字下げ)をしないで、左詰めで1行12〜20語程度で改行します。段落は4行程度で区切り、段落間には空行を1行入れます。フォントは、ほとんどのメールソフトに入っているArial、Century、Times New Romanを使用し、フォントサイズは10pt〜12ptが標準です。そして、メッセージは、スクロー

ルしないで読める長さが簡潔で読みやすく理想です。
（注意：本書のサンプルメールでは紙面の都合上、1行8〜
10語程度で改行しています）

〈件名〉必ず開いて読んでもらえるものを付ける

　件名は非常に大切です。通常、多忙な受信者は件名
を見て、そのメールを開くかどうかを判断します。必
ず開いて読んでもらえるように、メールの目的がわか
り、なおかつ本文の大まかな内容まで伝わるような具
体的な情報を盛り込んで、簡潔に書きます。

　例えば、ある企業へ製品の問い合わせをする場合は、
Inquiry（問い合わせ）という件名では不十分です。製
品番号や製品の名前まで書くと、メールの内容が一目
瞭然です。

　先に大別した3つのメールの目的をさらに細分化し
て、具体的な情報を入れて活用できる件名を、33ペー
ジから一覧にしました。実際にどのように具体的な情
報を盛り込むかの例文も載せてありますので参照して
下さい。

　返信の場合、件名はそのままにします。ただし、何
度かやり取りする間にその件名と内容が合わなくなっ
てきたら、その内容に沿った件名に書き換えます。

　また、同じ内容でも複数回にわたってのやり取りの
場合は、件名が"Re: Re: …"と続き、見苦しくなり
ますので、数字を付けるなどしてわかりやすくします。
そうすれば、後からメールを読み直す場合、どの件名
を見ればよいのか、すぐに分かります。

＊「Re:」は「Regarding」の略で「〜に関して、用件〜」という
　意味です。

(例)　Business Dinner on Tuesday
　　　→ Re：Business Dinner on Tuesday
　　　→［２］Business Dinner on Tuesday

〈導入〉敬辞を忘れずに！

　導入は、ネチケットの項目で述べた通り、パーソナ
ライズするために相手の名前の前にDearかHi、Hello
などを付けて敬辞を書きます。相手の名前が分からな
くても、省略してしまうのは失礼にあたります。その
場合の書き方を含め、さまざまな敬辞を40ページか
ら一覧にしましたので、ぜひ活用して下さい。
　そして、次のような挨拶などを付け加えると、一層
親近感が増します。

(例1)「お元気ですか」
　　　How are you doing?
(例2)「先日はお会いできて良かったです」
　　　It was nice meeting you the other day.
(例3)「お元気のこととお察しいたします」
　　　I hope things are well with you.

　また、初めての相手にメールを出す場合は、自己紹
介が必要になります。その際の導入の書き方は、66
ページを参照して下さい。

〈結論〉読み手を惹きつける本文の書き出しは？

　件名と同じくらい重要なのが、この書き出しです。書き出しでメールの目的を明確にするため、ここで結論を述べることになります。

　前述した3つのメールの目的「報告」、「問い合わせ」、「依頼」をさらに細分化し、具体的な情報を入れて活用できる書き出しを44ページから一覧にしました。定型文として定着しているものばかりです。実際にどのように具体的な情報を盛り込むかの例文も載せてありますので、ぜひ活用して下さい。

〈詳細〉読みやすくする工夫は？

　詳細では、どうしてそのような結論になったのかという背景、理由、あるいはその結論から導き出される事項などの補足情報を書きます。その際、箇条書きや番号をふったリストにすると読みやすくなります。やむを得ず長文になる場合は、それぞれ見出しを付けると読みやすくなります。

〈結びの文章〉最後に行動をリクエストする

　自分が書いたメールに対して、相手にどんなアクションをして欲しいのかを最後に述べます。返答が欲しいのか、単に確認して欲しいだけなのかなど、具体的に提示します。求めるアクション別によく使う結びの文章一覧を48ページからまとめましたので、参照して下さい。

〈結辞〉フォーマルからカジュアルまで

　日本語の「敬具」にあたる言葉で、メールを終わらせます。結辞は、相手との関係によってフォーマルなものから友人同士のメールに使える非常にカジュアルな表現までさまざまです。よく使われる結辞の一覧は54ページを参照して下さい。

署名を忘れない

　文末には自分の名前、肩書き、会社名、部署名、連絡先、URLなどを明記します。メールソフトの署名機能を使えば、送信する度に署名欄が自動的に最下段に付くので便利ですが、それでも自分の名前をその上にあらためてタイプするのが礼儀とされています。

（例）

Regards,	←［結辞］
Kaoru	←［署名する］

Kaoru Ishida（Ms.）
ABCD Global, Inc.
5-7-3 Kita Azabu, Minato-ku,　　←［署名欄］
Tokyo, Japan 107-0052
Tel / Fax：+81 3-3454-xxxx
E-mail：kaoru.i@abcdglobal.com

＊一般的な、署名欄の書き方の例と注意点などは、57ページを参照して下さい。

4. よく使う「件名」一覧

　件名は、多忙な相手に必ず読んでもらえるように、本文の内容を表す具体的な情報を盛り込んで、簡潔に書くことがポイントです。そして、本のタイトルや新聞の見出しのように、前置詞と冠詞以外の各単語の1文字目を大文字にすると、読みやすくなります。

　また、大括弧[ ]やコロン：を使い、ラベル付けをすることによって、情報が強調され、さらに読みやすくすることができます。(ラベル付けの例は、次の件名パターン一覧の「緊急」「重要」「催促、注意(喚起)、確認」「その他」を参照して下さい)

　以下、目的別によく使う件名パターン一覧です。〜の部分には、具体的な事項を入れます。

問い合わせ

・Inquiry about 〜
(例)「御社の料金表に関する問い合わせ」
　　　Inquiry about Your Price List

質問

・Question about 〜
(例)「御社のサービス内容に関する質問」
　　　Question about Your Services

興味

・Interested in 〜

(例)「御社の新製品XYZに興味があります」
　　　Interested in Your New Product XYZ

依頼

・Request for 〜

(例)「1255番のカタログ送付の依頼」
　　　Request for Catalogue No. 1255

通知、お知らせ

・Notification of 〜

(例)「9月東京開催のセミナーのお知らせ」
　　　Notification of Seminar in Tokyo in Sept.

発表

・Announcement of 〜

(例)「コンペの結果発表」
　　　Announcement of the Competition Results

情報

・Information about 〜

(例)「当社の顧客情報」
　　　Information about Our Customers

確認

・Confirmation of 〜

(例)「あなたの到着日程の確認」
Confirmation of the Itinerary for Your Arrival

手配

・Arrangement(s) for 〜
(例)「あなたのアメリカ出張の手配」
Arrangements for Your Business Trip to the US

取り消し

・Cancellation of 〜
(例)「注文番号17625の取り消し」
Cancellation of Order #17625

変更

・Change in / of 〜
(例)「会計見積もりの変更」
Change in / of Accounting Estimate

間違い

・Error in 〜
(例)「請求書番号368の誤り」
Error in Our Invoice No. 368

緊急

・[Urgent] / Urgent： 〜
(例)「[緊急] 料金改定」
[Urgent] Price Revision

＊Urgentは乱用せず、特別に緊急を要するものだけに使います。

重要

・Important Message Regarding 〜
・[Important] / Important：〜
(例)「[重要] 就業規則について」
　　　[Important] Company Rules
＊Importantは乱用せず、特別に重要なものだけに使います。

催促、注意(喚起)、確認

・Reminder of 〜
・[Reminder] / Reminder： 〜
(例)「[催促] お支払いに関して」
　　　Reminder：Your Payment
＊Friendly Reminder、Quick Reminderで、「ちょっと確認」「念のため」という意味になります。
　Final Reminderは「最終確認」で、同じ意味でFinal Noticeも使います。

問題点

・Issue with 〜
(例)「あなたの提案書の問題点」
　　　Issue with Your Proposal
＊否定的な内容の場合でも、件名にはproblem、troubleなどの否定的な言葉は使わない方が良いとされています。

コメント

・Comment on 〜

(例)「あなたの月例報告書へのコメント」
　　　Comment on Your Monthly Report

説明

・Explanation about 〜

(例)「コンセプトの説明」
　　　Explanation about the Concept

提案、忠告

・Suggestion for 〜

(例)「改善方法の提案」
　　　Suggestion for Improvement

提案(書)、企画

・Proposal for 〜

(例)「改正案」
　　　Proposal for Revision

勧誘、招待

・Invitation to 〜

(例)「懇親会へのご招待」
　　　Invitation to Social Gathering

謝罪

· Apology for 〜

(例)「遅延のお詫び」

    Apology for the Delay

ありがとうございます

· Thank You for 〜

(例)「ご訪問ありがとうございました」

    Thank You for Your Visit

感謝

· Appreciation for 〜

(例)「アドバイスに感謝いたします」

    Appreciation for Your Advice

挨拶

· Greetings from 〜

(例)「ニューヨークからご挨拶」

    Greetings from N.Y.

お祝い

· Congratulations on 〜!

(例)「ご昇進おめでとうございます！」

    Congratulations on Your Promotion!

· Congrats on 〜!

(例)「プロジェクトの成功おめでとう！」

    Congrats on the Success of Your Project！

＊congratsは、とてもカジュアルな言い方です。

その他

・[Resent] / Resent： 〜
(例)「[再送] 月例報告書」
　　　　[Resent] Monthly Report

・[Confidential] / Confidential： 〜
(例)「[機密] 顧客情報」
　　　Confidential : Customer Information

5．よく使う「敬辞表現」一覧

「敬称＋名前」で敬辞となります。
　敬称は、通常、以下のいずれかになります。

Mr. ＝未婚、既婚を問わず男性
Ms. ＝未婚、既婚を問わず女性
Mrs. ＝既婚の女性
Miss＝未婚の女性

　ピリオドを省いても問題ありませんが、Missは省略
形ではないので、ピリオドを付けないようにして下さ
い。
　敬辞の基本パターンは以下になります。

1　Dear ＋「ファーストネーム」，
2　Dear ＋ Mr. / Ms. / Mrs. / Miss ＋「苗字」，
3　Dear ＋「フルネーム」，
4　Dear / To ＋「不特定の人を指す語」，

　非常に親しい間柄では、Dearを付けずにファースト
ネームのみを書く場合もあります。3のように、フル
ネームで書く場合は、Mr.やMs.などの敬称を付けるの
は間違いですので注意して下さい。お互いの親密度が
上がれば、Dear以外にHi、Helloも使います。敬辞の最
後には、通常「,」を付けます。
　次ページは、さまざまな状況に応じた敬辞表現の例

になります。

相手の名前、性別が分かっている場合

・「スティーブ(さん)」
  Steve,
・「スティーブ(さん)へ」
 「こんにちは、スティーブ(さん)」
  Dear / Hi / Hello Steve,
・「バーンスティンさん / 様へ」
  Dear Mr. Bernstein,
・「スティーブ・バーンスティン様へ」
  Dear Steve Bernstein,
・「サラ(さん)」
  Sarah,
・「サラ(さん)へ」、「こんにちは、サラ(さん)」
  Dear / Hi / Hello Sarah,
・「パーウェルさん / 様へ」
  Dear Ms. Powell,
・「サラ・パーウェル様へ」
  Dear Sarah Powell,

相手の名前は分かっているが性別が分からない場合

・「フレディ・ロビンソン様へ」
  Dear Fredi Robinson,

＊外国人の名前には、性別がはっきりしないものがよくあります。その場合は、Dear＋「フルネーム」で対処します。また、性別だけでなく、どちらが苗字でどちらがファースト

ネームかわからないときも、相手が書いた署名の順番通りに、フルネームで書いておきます。

担当者の名前が分からない場合

・「採用担当者様」

Dear Recruitment Officer,

・「営業部長様」

Dear General Sales Manager,

・「マーケティング部長様」

Dear Marketing Director,

＊担当者の名前が分からない場合は、このように役職名で対処します。

＊役職名も分からない場合は、person in charge of ～(～担当者)が使えます。

(例)「採用担当者様」

Dear Person in Charge of Employment,

部署宛ての場合

・「カスタマーサービス御中」

Dear Customer Service,

・「人材開発部御中」

Dear Human Resources Development Department,

関係各位へ送る場合

・「関係各位」

To whom it may concern,

＊この表現は、どの部署へ送るべきなのか分からないときに

使えます。

取引先などへ送る場合

・「お取引先様」

　Dear Business Partner,

特定の個人ではなくグループ宛ての場合

・「お客様へ」

　Dear Customers,

　Dear Clients,

・「ご購入の皆様へ」

　Dear Purchasers,

・「株主様へ」

　Dear Shareholders,

・「納入者様へ」

　Dear Suppliers,

・「社員各位」「スタッフの皆様へ」

　Dear Staff,

・「(同僚の)皆様へ」

　Dear Associates,

・「新入社員各位」

　Dear New Employees,

・「皆様へ」

　Dear All,

　Dear Sir / Madam,

＊Ladies and Gentlemen「皆様」は、話し言葉でよく使われ
　ますが、書き言葉としてはあまり使われません。

6. よく使う「本文の書き出し」一覧

　以下はメールでよく使われる、本文1行目の書き出しパターンの一覧です。

～に関してですが

・Regarding ～
・With regard to ～
・Concerning ～
(例)「お客様のご注文に関してですが、」
　　　Regarding / With regard to / Concerning your order,

～への返答ですが、～に応えて

・In response to ～
(例)「貴殿のご要望にお応えして、」
　　　In response to your request,

～を受け取りました

・We received ～
(例)「本日御社から請求書を受け取りました」
　　　We received an invoice from you today.

これはあなたに～をお知らせするメールです

・This is to inform you ～
(例)「3月分のお支払いをいただきましたことを、お知らせいたします」

This is to inform you that we received your payment for March.

～を(喜んで)お知らせいたします

・We are pleased to inform you ～

(例)「お客様のご注文の品が、6月25日に発送されましたことをお知らせいたします」

We are pleased to inform you that your order was shipped on June 25.

申し訳ありませんが / 残念ながら～をお知らせします

・We are sorry to inform you that ～

・We regret to inform you that ～

(例)「大変申し訳ございませんが、お客様が注文された商品は品切れとなっております」

We are sorry to inform you that / We regret to inform you that the item you ordered is out of stock.

取り急ぎ～をお知らせ / ご連絡いたします

・This is just to let you know that ～

・Just a quick note to inform you that ～

(例)「お客様からのe-mailを受け取ったことを、取り急ぎご連絡いたします」

This is just to let you know that / This is just a quick note to inform you that we received your e-mail.

～があります

・I have ～

(例)「商品に関して、いくつか質問があります」
　　　I have some questions about your products.

～の通り / ～に基づき

・As ～

(例)「話し合いました通り、」
　　　As discussed,

・As per ～

(例)「先のメールの通り、」
　　　As per my previous e-mail,

・Based on ～

(例)「話し合いに基づき、」
　　　Based on our discussion,

～をありがとうございました

・Thank you for ～

・Many thanks for ～

(例)「早速の返信ありがとうございました」
　　　Thank you for ／ Many thanks for your quick reply.

申し訳ございません

・Apologies for ～

・Sorry for ～

(例)「返信が遅くなり、申し訳ございません」

Apologies for / Sorry for the delay in replying.

・I am sorry to ～

・Sorry to ～

(例)「ご面倒をお掛けして、申し訳ございません」

　　I am sorry to / Sorry to trouble you.

～をご覧下さい

・Please find / see ～

(例)「添付書類をご覧下さい」

　　Please find / see the attached file.

～を添付します

・I am sending you ～ / Attached is ～

(例)「新しい商品のリストを添付いたします」

　　I am sending you / Attached is a list of the new products.

・～ is attached

(例)「私の履歴書を添付いたします」

　　My résumé is attached.

参考までに

・FYI (= for your information),

・For your reference,

(例)「ご参考までに、今朝の新聞記事をお送りいたします」

　　FYI / For your reference, I am sending you this morning's newspaper article.

7. よく使う「結びの文章」一覧

　以下は、メールでよく使う結びの文章パターンの一覧です。

返信を(楽しみに)待っている

・「お返事をお待ちしております」
　I look forward to hearing from you.
・「早急のご返信をお待ちしております」
　We look forward to hearing from you soon. /
　I look forward to your prompt reply.
・「返信 / 返答 / 意見をお待ちしております」
　I look forward to your reply / response / comment.
・「ご意見を拝読できますことを、楽しみにしております」
　I am looking forward to reviewing your comment.

＊ look forward to 〜は、ビジネスでは「楽しみに」というニュアンスを含まず単に「〜を待っている」という決まり文句としてもよく使われます。
＊ look forward to と be looking forward to の違いはあまりありませんが、進行形にしない方が多少フォーマルに聞こえます。

検討 / 確認して欲しい

・「あなたのお考えをお知らせ下さい」
　Please let me know what you think. /
　Please give us your thoughts.
・「都合がつき次第お返事を下さい」

Please reply at your earliest convenience.

・「早急に対処していただければ、幸いです」

Your urgent attention would be appreciated.

・「早急に対処して下さるよう、お願い申し上げます」

I would appreciate your immediate attention to this matter.

・「早急のご回答、お待ちしております」

Your prompt reply would be appreciated. /

I would appreciate your prompt reply.

・「ご確認下さい」

Please confirm.

・「折返し連絡を下さい」

Please get back to me.

・「ご検討、よろしくお願いいたします」

Thank you for your consideration. /

Thank you for your attention.

・「ご検討のほど、よろしくお願いいたします」

I would greatly appreciate your consideration.

・「確認のご連絡をお待ちしております」

We look forward to your confirmation.

何か必要があれば連絡して欲しい

・「さらなる情報が必要でしたら、お知らせ下さい」

Please advise if you require any further information. /

Please let us know if you need further information.

・「その他何かご必要であれば、お知らせ下さい」

Please let me know if you need anything more.

・「もし問題がございましたら、どうぞ遠慮なくご連絡
　下さい」

If you have a problem, please feel free to get in
touch.

・「もし何かご質問がございましたら、遠慮なくご連絡
　下さい」

Please feel free to contact us if you have any
questions.

・「もしご質問やご意見などがございましたら、お知ら
　せ下さい」

Please let us know if you have any queries or
comments.

＊ Please don't hesitate to ～で、「どうぞ遠慮なく～して下さ
　い」という決まり文句がありますが、don'tと否定語を使う
　ため、最近は印象の良くない文章とされています。前向き
　な内容は、あくまで肯定文で表現します。

こちらから(また)連絡する

・「こちらからまたすぐにご連絡いたします」

I will contact you again soon.

・「お調べして、すぐに折返しご連絡いたします」

I will look into it and get back to you soon.

・「～に関して、すぐにご連絡いたします」

I will inform you of ～soon.

・「～に関して、すぐにお知らせいたします」

We will let you know about ～soon.

・「詳細は、ミーティングが近づいてきたら、ご連絡いたします」

Further information will be sent out closer to the time of the meeting.

自分のメールの内容が〜だと良い

・「この情報がお役に立つと良いですが」

I hope this information will be helpful.

・「これがお役に立つと良いのですが」

I hope this helps.

・「これがお役に立つと良いのですが」

I hope this is useful.

・「これに興味を持っていただけると良いのですが」

I hope this interests you.

・「他に問題がなければ良いのですが」

I hope there will be no further issues.

感謝している

・「ご協力に感謝しています」

「お力添えに感謝します」

「よろしくお願いします」

Thank you for your help.

・「ご支援ありがとうございます」

Thank you for your assistance.

・「色々とありがとうございました」

Thank you for everything.

・「ご理解いただき、感謝します」

　Many thanks for your understanding. /

　We thank you for your understanding.

・「ご協力に心より感謝いたします」

　Your cooperation is fully appreciated.

・「ご対応に感謝します」

　Thank you for your attention.

＊Thank you for your attentionは、「ご対応よろしくお願いします」と依頼の意味でも使えます。

＊また、本文ですでに感謝の意を述べていたら、結びの文章では、文頭にAgainかOnce againを付けるか、Thank you again for ～とagainを挿入してあらためて感謝の意を表し、締めくくります。

（例1）「あらためて、ご理解に感謝します」

　　　　Again, thank you for your understanding.

（例2）「あらためて、ご理解に感謝します」

　　　　Thank you, again, for your understanding.

申し訳なく思っている

・「心からお詫び申し上げます」

　Please accept our apologies.

・「ご迷惑をお掛けしたことを、心よりお詫び申し上げます」

　Our sincere apologies for any inconvenience.

・「ご不便をお掛けしておりますことを、お詫び申し上げます」

We apologize for any inconvenience this may have caused you.

・「ご迷惑をお掛けして申し訳ございません」
I am sorry for the inconvenience.

＊本文ですでに謝罪の言葉を述べていたら、結びの文章の文頭にAgainを付けてあらためて謝罪して締めくくります。

(例)「ご迷惑をお掛けしたことを、あらためてお詫び申し上げます」
Again, I am sorry for the inconvenience.

8. よく使う「結辞」一覧

　以下はメールでよく使われる、結辞パターンの一覧です。

フォーマルな表現　Formal

　以下はすべて「敬具、かしこ、草々」にあたる語です。次のように3つに分類しました。

1. 最も一般的な結辞　Most Common Close
2. より温かな結辞　Warmer Close
3. あまり一般的ではない結辞　Less Common Close

　括弧の中のyoursは、付けても付けなくても意味は同じですが、付けた方が少し丁寧さが増します。
　結辞の最後には、通常「,」を付けます。

1. 最も一般的な結辞
   - Sincerely (yours),
   - Yours sincerely,
   - Faithfully (yours),　(イギリスのみ)
   - Yours faithfully,　(イギリスのみ)

2. より温かな結辞
   - Kind regards,
   - Kindest regards,
   - Best regards,

・With regards,
・With kind regards,
・With best regards,

3. あまり一般的ではない結辞
・Yours truly,
・Yours respectfully,
・Yours cordially,
・Truly (yours),
・Respectfully (yours),
・Cordially (yours),

カジュアルな表現　Casual

以下はすべて「では、よろしく、また」にあたる語です。ただし、Thanksは「ありがとう」の意味でも使います。

・Regards,
・Best wishes,
・Yours,
・Best,
・Thanks,

かなりカジュアルな表現　Very Casual

以下はすべて主に友人同士のメールの結びに用いられるものなので、基本的にビジネスでの使用には勧めません。

ただし、相手との関係次第では使ってもまったく問題ないので、ビジネスの上下関係、信頼関係、親しい間柄かどうかをしっかり見極めて使うようにして下さい。

・Take care,　　　　　「じゃあね」「元気でね」「さようなら」
・Cheers,　　　　　　　　　　「さようなら」「じゃあね」
・Bye,　　　　　　　　　　　「さようなら」「じゃあね」
・Talk soon,　　　　　　　　　　　　　「またね」
・Talk to you soon,　　　　　「ではまた」「また今度ね」
・Talk to you later,　　　　　「ではまた」「また後ほど」
・Later,　　　　　　　　　「またね」「また後で」
・See you soon,　　　　　　「またね」「じゃあね」
・See you,　　　　　　　　「またね」「じゃあね」
・Love,　　　　　　　　　　　　「心を込めて」
・Much love,　　　　　　「心を込めて」「愛を込めて」
・Have a nice / good / great day.　　　「良い一日を」
・Have a nice / good / great weekend.　「良い週末を」
・Have a nice / good / great holiday.　　「良い休日を」
＊これらの Have a 〜の文は、「さようなら、またね、じゃあね」
　という意味でも使われます。

9. 署名欄の書き方

　文末に自分の名前、肩書き、会社名、部署名、連絡先、自社のURLなどを明記します。

　海外宛てに送るときは、電話/Fax番号に国番号(日本は81)を付記し、市外局番の最初の0を省いて書くと親切です。

　海外の人にとって自分の性別が明らかではないと思われる場合は、自分の名前の後にMr.やMs.などの敬称を付けます。

　署名欄のデザインや文字などは、あまり凝り過ぎないようにしましょう。相手のメールソフトによっては、自分がデザインしたようには、表示されない場合があります。

　以下、署名欄の一般的な書き方です。

Kaoru Ishida（Ms.）	［名前］
Section Chief	［役職名］
Overseas Department	［部署名］
ABCD Global, Inc.	［会社/組織名］
5-7-3 Kita Azabu, Minato-ku, Tokyo, Japan 107-0052	［住所］
Tel/Fax： +81 3-3454-xxxx	［電話/Fax番号］
E-mail：kaoru.i@abcdglobal.com	［メールアドレス］
URL： www.abcdglobal.com	［URL］

10. e-mail略語一覧

　ビジネスメールでよく使われる略語を、以下に一覧にしました。自分では使わなくても、知っておくと便利です。

略語		意味
FYI	(For Your Information)	「参考までに」
ASAP	(As Soon As Possible)	「できるだけ早く」
BTW	(By The Way)	「ところで」
w /	(with) 〜	「〜と一緒に」
b / w	(between) 〜	「〜の間」
info	(information)	「情報」
e.g.	(for example)	「例えば」
FAQ	(Frequently Asked Questions)	「よくある質問」
Re	(Regarding) 〜	「〜に関して、用件」
AKA、a.k.a (Also Known As) 〜		
		「〜として知られている、別名」
i.e.	(id est 〈ラテン語〉= that is)	
		「すなわち、言い換えれば」
R.S.V.P (Répondez S'il Vous Plaît 〈フランス語〉		
	= Please reply)	「折返し返信下さい」

11. 英語の顔文字一覧

　以下、代表的な英語の顔文字の一覧です。

＊顔を左に90度傾けて見ます。

顔文字		意味
:)	Happy Face	「幸せな顔」
	Smiley	「笑顔」
: -)	Happy Face with Nose	「鼻付きの幸せな顔」
: (	Sad Face	「悲しい顔」
	Frowning Face	「しかめ面」
: - (	Sad Face with Nose	「鼻付きの悲しい顔」
	Frowning Face with Nose	「鼻付きのしかめ面」
;)	Winking	「ウィンク」
; -)	Winking with Nose	「鼻付きのウィンク」
: -D	Big Smile	「ニコニコ顔、満面の笑み」
: -O	Shocked、Surprised	
		「ショック、びっくり、唖然」
: -P	Tongue Sticking Out	
		「舌を出した顔→あっかんべー」

12. コンピュータ、e-mail、ネット用語一覧

コンピュータ用語

「シャープ＃」	pound (key)
「アンド＆」	ampersand (key)
「星印＊」	asterisk (key)
「括弧()」	parenthesis (key)
「大括弧[ ]」	bracket (key)

「ローマ字入力」	romaji input
「かな入力」	kana / hiragana input
「半角文字」	one-byte character
「全角文字」	two-byte character
「半角英数文字」	English one-byte character
「大文字」	capital letter、caps、uppercase
「小文字」	lowercase

「(キーを)押す」	press、hit、touch
「改行する」	press / hit the return key、
	start / begin a new line、
	start / begin a new paragraph

「〜を押しながら、押したまま」

hold〜down

(例)「コントロールキーを押しながら、Cキーを押す」

Hold the control key down and press the C key.

「名前を付けて保存する」

save as a new file、

save under a new file name

「上書きする」　　　　overwrite

「上書き保存(する)」　overwrite save

「更新する」　　　　　update、modify

「ごみ箱」　　　　　　trash

(例)「ファイルをごみ箱に捨てる」

Put the file in the trash.

(例)「ごみ箱を空にする」

Empty the trash.

「読み取り専用」　　　read-only

「書き込み禁止」　　　write-protected

e-mail、ネット用語

「画像データ」　　　　image data、image file

「圧縮する」　　　　　compress

「解凍する」　　　　　decompress

「文字化けした」　　　illegible

「お気に入り」　　　　favorite、bookmark

「掲示板」　　　　　　bulletin board

「スレッド」　　　　　thread

「履歴」　　　　　　　history

「検索する」	search
「キーワード検索」	search by keywords
「絞り込み検索」	search refinement
「絞り込み検索をする」	narrow down a search
「グーグルで検索する、ググる」	
	google / Google
「送信ボタン」	reply button
「転送する」	forward

＊メールを転送すると、件名に「FW：」「Fwd：」などと表示
　されますが、これはforwardの略です。返信の際に表示さ
　れる「RE：」「Re：」は、regardingの略で「〜に関して、用件
　〜」という意味です。

| 「ホームページ」 | website |

＊英語のhome pageは、websiteのトップページを指すので注
　意して下さい。URLはUniform Resource Locatorの略で、イ
　ンターネット上のリソースの場所を指定する記述方式で
　す。
＊HTMLは、HyperText Markup Languageの略です。ホーム
　ページなどを作成するための言語です。

「返信の際、自動的に返信フォームにコピーされた受
信メッセージ」　　　message thread

＊e-mailや掲示板などで返事を書くとき、返信ボタンをク
　リックして、そのまま相手の文章が下にコピーされたまま
　の状態で文章を書き始めることを、top postingと言います。

また、返事の対象の文章を引用してその下に自分の返事を書くことは、**bottom posting** と言います。

ビジネス英語ミニコラム1―主な役職名

企業によって、役職名は違いますが、代表的なものを一覧にしました。

- 最高経営責任者　　CEO(=chief executive officer)
- 最高執行責任者　　COO(=chief operating officer)
- 最高財務責任者　　CFO(=chief financial officer)
- 最高総務責任者　　CAO(=chief administrative officer)
- 最高技術責任者　　CTO(=chief technology officer)
- 最高情報責任者　　CIO(=chief information officer)
- 取締役会長　　　　chairperson of the board
- 代表取締役　　　　representative director
- 役員、取締役　　　director, board member
- 代表取締役社長　　president
- 取締役副社長　　　vice president
- 専務取締役　　　　executive managing director
- 常務取締役　　　　managing director
- 社外取締役　　outside director , outside board member
- 監査役　　　　　　auditor, inspector
- 顧問　　　　　　　advisor, consultant
- 相談役　　　　　　senior cooperative advisor
- 本部長　　　　　　division director
- 部長　　　　　　　director, general manager
- 部長代理　　　　　deputy general manager
- 課長　　　　　　　section chief
- 課長代理　　assistant section chief , deputy section chief
- 係長　　　　　　　manager, unit head
- 主任　　　　　　　assistant manager, head

Chapter 2
シチュエーション別 例文150

例文は、「件名」と「本文」を掲載しています。
メールのその他の構成要素であり、パターンが
決まっている「敬辞」、「挨拶」、「結びの文章」、
「結辞」、「署名」はChapter 1を参照し、うまく組
み合わせ、どんどん応用、活用して下さい。

1. 自己紹介

件名:	大沢の同僚の佐藤直樹です

ABC社の佐藤直樹と申します。人事部で、研修を担当して
おります。先日の交流会で、大沢からご紹介いただいた際
に、名刺交換をさせていただきました。

Subject:	From Naoki Sato, Colleague of Mr. Osawa

My name is Naoki Sato of ABC Corporation. I am in charge
of employee training in the Human Resources Department. I
was introduced to you by Mr. Osawa and we exchanged
business cards at the social event the other day.

ポイント

　最後に署名をするので、冒頭で名前を名乗る必要は
ないのですが、初めて送る自己紹介メールでは、やは
り My name is ～、I am ～と名前を述べるのが一般的で
す。自分の仕事内容、相手をどのようにして知ったの
か、なぜメールを書くことになったのかなどを伝えま
す。

その他の表現

「FIS社の高橋様からのご紹介で、このメールを書い
ております」

I am writing this e-mail because I was referred to
you by Mr. Takahashi of FIS Co.

「ジェームスさんから、貴殿のe-mailアドレスをいた
だきました」

I received your e-mail address from James. /

I was given your e-mail address by James.

2.会社紹介

件名： XXYZ株式会社の簡単なご紹介

弊社は1935年創業の、日本でも有数の専門総合商社です。2009年1月現在、グループ会社は国内11社、海外8社の計19社になります。

より詳しい情報に関しては、弊社のホームページhttp://www.XXYZ.co.jpを、ぜひご覧下さい。

Subject： Brief Corporate Profile for XXYZ

We have been in business since 1935 and are one of the most prominent specialized trading companies in Japan. As of January 2009, the Group consists of a total of 19 companies：11 in Japan and 8 overseas.

To learn more about us, please go to our website http://www.XXYZ.co.jp

ポイント

どのような会社であるのかを最初に述べ、次により詳細な情報の入手方法を伝えます。多忙な相手を考慮して、このように情報を配置すれば、相手はどこまで読むべきかの選択ができます。

その他の表現

「弊社は、この分野に30年間携わっております」
We have been active in this field for 30 years.

「詳細に関しては、太田までお問い合わせ下さい」
For more details, please contact Mr. Ota.

3.会社への道案内

件名:	Axis Incのロケーション

弊社へは、銀座線をご利用になり、新橋駅でお降り下さい。
A3の出口より徒歩約10分です。弊社ホームページに住所
と地図がございますので、ご覧下さい。

Subject:	Company Location : Axis Inc.

To get to our office, take the Ginza Line to Shinbashi Station
and go to the A3 Exit. It takes about 10 minutes on foot
from there. You can find a map with our street address on
our website.

その他の表現

「弊社は、南口の目の前にございます」
We are located right in front of the South Exit.

「B3出口より階段を上がって地上に出て下さい」
Please go to the B3 Exit and up the stairs to the
ground level.

「そのまま道なりに100mほど進んで下さい」
Please proceed along the street about 100m.

「駅からお電話をいただければ、そこからの道順をお
伝えいたします / (こちらの者を)お迎えに上がらせ
ます」
Please call us from the station and we can give you
the directions from there. / I will have someone
come meet you.

「ご参考までに、近隣地図を添付いたします」
Attached is a map of the area for your reference.

4. アポイントメントを取る

件名：	ミーティングの依頼（プロジェクトＡ）

御社の新プロジェクトＡに関する打合わせの日時を、決定させていただけないでしょうか。私どもの希望は、8月18日(月)、20日(水)、21日(木)の午前中のいずれかです。ご都合をお知らせ下さい。

Subject：	Meeting Request for Project A

I would like to set up a meeting to discuss your new project A. Our preference is for the mornings of August 18 (Mon), 20 (Wed) and 21 (Thurs). Please let me know your availability.

ポイント

面会したい理由を述べて、日時を提案します。相手の都合も考え、できれば2案以上を提案します。ここでは、すでに会ったことのある相手への面会の申し込みですが、初対面の人にアポイントメントを申し込む場合は、これらに加えて、どのようにして相手を知ったのかを含む簡単な自己紹介が必要になってきます。自己紹介の書き方は、66ページを参照して下さい。

その他の表現

「ご都合の良い日時と場所を、お知らせいただけますか」

Would you let us know when and where would be convenient for you?

「4月18日～20日で、こちらは都合がつきます」

April 18, 19 and 20 would be fine with us.

5. アポイントメントを変更する

件名：	8月20日のお約束の変更について

大変申し訳ないのですが、急用で明日御社にお伺いできなくなりました。お約束を、今週の木曜日に変更していただくことは可能でしょうか。

Subject：	August 20 Appointment Change

I am terribly sorry, but I cannot visit you tomorrow because of an urgent matter. Could we possibly move our appointment to this Thursday?

ポイント

面会予定を変更しなければならない場合は、できるだけ早く伝えます。そして、変更の理由を説明し代替案を打診します。

その他の表現

「戻り次第、日程再調整させていただくべく、ご連絡いたします」

I'll get in touch with you to reschedule our appointment upon my return.

「後ほど、別の日を提案させて下さい」

Let me come up with a different date and follow up with you later.

「他の日にしてもよろしいでしょうか」

Can we make it another day?

「翌週でご希望の日時を、ご指定下さい」

Can you tell me when you would like to meet next week?

6.アポイントメントを取り消す

件名:	月曜日のお約束のキャンセル

大変申し訳ございませんが、不測の事態が発生し、月曜日のお約束をキャンセルしなくてはならなくなりました。またの機会にお目にかかれればと思います。

Subject:	Monday Meeting Cancellation

I am sorry, but something urgent came up and I need to cancel our meeting on Monday. I hope we will have an opportunity to meet some other time.

ポイント

　約束をキャンセルしなくてはならなくなったときは、きちんとその理由を相手に伝えるべきですが、直接の理由を伏せておきたいときもあります。いずれにせよ、相手の気分を害さないように丁寧に書きます。

その他の表現

「残念ながら、お約束を延期させていただかなくてはなりません」

I am afraid I have to postpone our appointment.

「申し訳ございませんが、現段階では御社にお伺いすることはできかねます」

I am sorry but I am unable to meet with you at this time.

「お会いするのは、またの機会にさせていただけないでしょうか」

Would you be able to meet me at another time?

7.ミーティングの通知

件名:	3月15日(水)の月例ミーティングに関して

3月15日(水)、午前10時半から正午まで、第3会議室で月例ミーティングをおこないます。全員ご出席下さい。

Subject:	Monthly Meeting： March 15 (Wed)

We will hold our monthly meeting Wednesday, March 15, from 10：30 am to 12：00 pm in Conference Room 3. All employees are requested to attend.

ポイント

　日時と場所などの伝達事項を箇条書きにする場合は、以下のようになります。

> Our monthly meeting is scheduled as below：
> Date：March 15 (Wed)
> Time：10：30 am -12：00 pm
> Place：Conference Room 3

　また、議題を前もって提示する場合は、「Agenda：」として箇条書きに付け加えます。

語彙

・as below 　「下記のごとく、次のように」

その他の表現

「この会議の目的はその問題を話し合うことです」
The purpose of the meeting is to discuss the issue.

「他に話し合いたいことがあれば歓迎いたします」
We welcome any other issues you may wish to discuss.

8. ミーティング日程など変更の通知

件名：	営業戦略会議の日程変更

次回の営業戦略会議は、6月12日に変更となりました。時間と場所には、変更はございません。

Subject：	Sales Strategy Meeting： Date Change

Please note that our next sales strategy meeting has been rescheduled for June 12. The time and venue will remain the same.

語彙

・ venue 「開催地、会場」

その他の表現

「電話会議の時間に変更があります。午後3時から開始予定でしたが、午後2時からになりました」

There is a time change for the conference call. It will start at 14:00 instead of 15:00.

「会場が、会議室101から201に変更になりました」

Please be advised that the meeting venue has been changed from Conference Room 101 to 201.

「もし出席できない場合は、できるだけ早くお知らせ下さい」

If you cannot attend, please let us know ASAP.

「もし出席できない場合は、部署から誰か代わりに出席してもらうようにして下さい」

If you are unable to attend, please make sure someone from your department will join the meeting in your place.

9. ミーティングの延期、キャンセルの通知

件名: 会議延期のお知らせ

今週予定されていた会議を、来週後半に延期します。

Subject: Meeting Postponed

The meeting originally scheduled for this week has been postponed until later next week.

語彙

・ scheduled   「(形容詞)予定された」

件名: 予算会議キャンセルのお知らせ

先にご案内しておりました予算会議ですが、本日中止が決定しました。

Subject: Budget Meeting Cancelled

The previously announced budget meeting has been cancelled today.

語彙

・ budget   「予算」

その他の表現

「関係者全員が出席できるよう調整をお願いします」
Please make arrangements so that all concerned will be able to attend.

「質問があれば、今週の金曜日までにご連絡下さい」
If you have any questions, please contact me by this Friday.

10. ミーティング出席者についての連絡

> **件名：** 電話会議出席者変更のお知らせ

電話会議が、25日(月)東京時間午後9時(ニューヨーク時間：午前7時)におこなわれます。当方は、トム、キャリー、そしてジムの代わりに、アンが出席予定です。

> **Subject：** Conference Call： Change in Attendees

This is to confirm that the conference call will be held on Monday the 25th at 9：00 pm Tokyo time (7：00 am in N.Y.). From our side, Tom, Carrie and Anne (instead of Jim) will be on the call.

ポイント

「会議に出席する」という表現には、attend、join、be present などがよく使われますが、「電話会議に出席する」場合は、be on the call が便利です。

語彙

・this is to confirm that～「～を確認する、～となる」
・our side　　　　　　　「当方」

その他の表現

「あいにく急な出張と重なり会議に出席できなくなってしまったので、代理でロバートが出席します」

I'm very sorry, but I cannot make it to the meeting due to an unexpected business trip. Robert will attend the meeting in my place.

　　＊ make it to ～　　「～に間に合う、～に出席する」
　　＊ due to ～　　　　「～のため、～が原因で」
　　＊ in one's place　　「～の代わりに」

11.業務窓口変更の通知

> **件名:** お問い合わせ窓口変更のお知らせ

当社組織変更に伴い、2009年2月1日より、当社の製品に関するお問い合わせ窓口を、下記のように変更いたします。皆様のご理解とご協力を、お願いいたします。

> **Subject:** Notice of Contact Office Change

Due to our recent reorganization, the contact office for our products will be changed as below, starting from Feb. 1, 2009. Thank you for your understanding and cooperation.

語彙

- notice of 〜　　　「〜の通知」
- reorganization　　「組織変更、再編成」

その他の表現

「当社ではサービスのさらなる向上を目指し、2009年1月より、お客様窓口を変更することをお知らせいたします」

This is to inform you that our contact office will be changed as of January 2009 in order to further improve our service.

＊ as of 〜　　「〜付けで、〜以降」

「業務提携に伴い、窓口を以下のように変更させていただきます」

Due to our recent business alliance, the contact office will be changed as follows:

＊ business alliance　　「業務提携」

12.営業時間変更の通知

件名: 営業時間変更のお知らせ

2009年3月より、営業時間を以下の通り変更させていただきます。
平日：9：00 am 〜6：00 pm
土・日・祝祭日：9：00 am 〜3：00 pm

お客様にはご不便をおかけしますが、何卒ご理解のほど、よろしくお願い申し上げます。

Subject: Change in Operating Hours

Please be advised that our hours of operation will be changed, starting from Mar. 2009 as follows：
Monday to Friday　9：00 am to 6：00 pm
Weekends and Public Holidays　9：00 am to 3：00 pm

We apologize for any inconvenience and ask for your kind understanding.

その他の表現

「なお、土・日の営業時間に変更はありません」

Also, please note that our hours of operation on weekends will remain the same.

＊ remain the same 「変更なしである」

「営業時間外には、メールサポートサービスをご利用下さい」

Please use our e-mail support service outside regular office hours.

13. 担当者変更の通知

件名: 新任の営業担当について

この度、リサ・ジョーンズに代わって、御社の営業担当となりました工藤隆と申します。ご一緒にお仕事をさせていただくことを楽しみにしております。

Subject: Your New Sales Representative

My name is Takashi Kudo, your new sales representative, replacing Lisa Jones. I look forward to working with you and your company.

ポイント

「よろしくお願いいたします」に当たる英語はないのですが、look forward to 〜を使うことにより、今後のお付き合いを楽しみにしている気持ちと一緒に伝えることができます。前任者が後任者を紹介する際のメールは、「挨拶メール」212ページを参照して下さい。

語彙

・ representative 　「担当者、代表者、販売員」
・ replace 　「(他動詞)〜の後を継ぐ、後任になる」

その他の表現

「私は、海外事業部へ異動となったビル・トンプソンの後任です」

I am replacing Bill Thompson, who recently transferred to our Overseas Division.

「ご一緒にお仕事をさせていただくことを、光栄に思います」

It will be a great pleasure to work with you.

14.夏休み、年末年始の休業の通知

件名：	夏季休業のお知らせ

当社は、8月13日(木)から17 (月)まで、夏期休業とさせていただきます。

Subject:	Summer Holiday

We will be closed for our summer holiday from August 13 (Thurs) to 17 (Mon).

件名：	年末年始休業のお知らせ

当社のすべての営業所は、年末年始の12月31日から1月4日まで休業いたします。

Subject:	New Year's Holiday

All offices will be closed for the New Year's holiday from December 31 to January 4.

語彙

・closed 　　「(形容詞)閉店した、閉った」

その他の表現

「当社は、12月29日から1月3日まで6日間、冬期休業とさせていただきます」

　Our company will be closed for six days for the New Year's holiday from December 29 through January 3.

「弊社は、8月11日の週が夏期休業となります」

　Our company will be closed the week of August 11 for our summer holiday.

15.臨時休業の通知

件名:	5月3日(日)臨時休業のお知らせ

当ビルの設備点検のため、5月3日(日)は臨時休業とさせていただきます。お客様にはご迷惑をお掛けし、大変申し訳ございません。

Subject:	Notice of Temporary Closing： May 3 (Sun)

Please note that we will be closed temporarily on May 3 (Sun) due to an equipment inspection in our building. We apologize for the inconvenience.

語彙

- please note that ～ 「～にご留意下さい」
- equipment inspection 「設備点検」

その他の表現

「店舗新装のため、1週間お休みをいただきます」
Please be advised that we will suspend our operation for one week in order to remodel our shop.

「システムメンテナンスのため、カスタマーサポート業務を一時停止させていただきます」
Please be informed that our customer support operations will be shut down temporarily for systems maintenance.

「都合により」
owing to circumstances

「やむを得ぬ事情により」
due to circumstance beyond our control

16. 不在通知

> **件名:** 不在通知
>
> ６月３日から10日まで不在になります。私の不在中、スーザン・デイビスが代わりにすべて対応いたします。よろしくお願いいたします。

> **Subject:** Out of Office Notification
>
> I will be out of the office from June 3 through June 10. During my absence, Susan Davis will take care of all your business needs on my behalf. Thank you.

ポイント

　出張や休暇で不在になる場合は、事前に知らせます。その際、具体的な日程と不在の間の対応方法も一緒に連絡すると親切です。そして可能であれば、同様の内容で自動返答メールを設定しておくと安心です。

語彙

・ on one's behalf 　　「〜に代わって、〜のために」

その他の表現

「出張中もメールを定期的にチェックしますが、すぐに返信できないと思います」

I'll be checking e-mails on the road periodically, but there will be a delay in my response.

＊ periodically「定期的に」

「私が不在の間、お問い合わせはすべて、斉藤綾香 ayaka.s@xxx.com、03 - 4432 - xxxxまでお願いします」

While I am away, please direct any inquires to Ayaka Saito at ayaka.s@xxx.com or 03-4432-xxxx.

17. メールアドレス変更の通知

件名: E-mail アドレス変更のお知らせ

この度、メールアドレスを次のように変更しましたのでお知らせいたします。naomi.yoshida@xxx.co.jp

なお、今月末までは、旧アドレスにお送りいただいても受信できます。

Subject: New E-mail Address

Please note that my e-mail address has changed to naomi.yoshida@xxx.co.jp

I will be still able to receive messages at my old address until the end of this month.

ポイント

　メールアドレスや電話番号変更の場合、新アドレス/番号がいつから使えるのか、または旧アドレス/番号がいつまで使えるのか、どちらかの具体的な日時の明記を忘れないようにします。

その他の表現

「今後は、こちらのメールアドレスをお使い下さい。現在使っているアドレスは、使えなくなります」

Effective immediately, please use this e-mail address.
The existing address is being discontinued.

　＊ existing 「現在の、現行の」

「これが私の新しいメールアドレスです」

Here is my new e-mail address.

18.ホームページリニューアルの通知

> **件名:** ホームページリニューアルのお知らせ
>
> ホームページのデザインを、全面的にリニューアルいたしました！　より見やすくなり、コンテンツも大変充実しております。一同、相当力を入れました。どうぞ新しいウェブサイトを、お楽しみ下さい。

> **Subject:** Website Renewal
>
> We are pleased to inform you that we have finished a complete redesign of our website! We believe you will find it to be more user-friendly and that it contains a wealth of enhanced content. We've put a lot of hard work into this renewal and we hope you enjoy our new look.

ポイント

　日本語の「ホームページ」は、英語でwebsiteです。英語のhome pageは、websiteの「トップページ」を指します。各websiteに与えられているaddressが、URLになります。URLは、Uniform Resource Locatorの略です。

語彙

・user-friendly 　　　「見やすく分かりやすい」
・enhanced 　　　　「改善、強化された」

その他の表現

「弊社URLが、以下のように変更となりました」
The URL for our website has been changed to the following：

19. 事務所移転の通知

> **件名:** オフィス移転のお知らせ
>
> 10月1日付けで、新しいオフィスに移転することを、お知らせいたします。新しい住所と電話 / Fax番号は、以下の通りです：

> **Subject:** New Office Address
>
> We are pleased to announce that we will be moving to our new office on Oct. 1. The following is our new address and phone / fax number :

ポイント

　数字はすべて英文半角数字で入力します。郵便番号を表す「〒」は特殊文字ですので、英文メールでは相手の画面では文字化けする可能性があります。具体的な表記の例は57ページの署名欄を参照して下さい。

　ちなみに、ビル名は、「タワービル」だったら Tower Bldg. になり、階数は、2階だったら 2nd fl.（2Fのように「F」は使いません）、そして、部屋番号は、306であれば #306 と、それぞれ略語を用います。また、英国式表記では1階が ground floor で、2階が 1st floor（1st fl.）、3階が 2nd floor（2nd fl.）となりますので、注意して下さい。

その他の表現

「事業拡大に伴い、本社を東京に移転いたしました。

Due to the expansion of our business, we have relocated our headquarters to Tokyo.

　＊ relocate　　「移転、引っ越しする」

20.組織変更、人事異動の通知

件名: 組織変更および人事異動のお知らせ

組織変更、および人事異動をおこなうことを、決議いたしましたので、お知らせいたします。これは5月15日開催の取締役会において検討の上、決定されました。これにより、業務効率化と経費節減が達成されると考えております。

詳細は決定次第発表いたしますので、今しばらくお待ち下さるよう、お願い申し上げます。

Subject: Office Reorganization/Personnel Reshuffle

This is to notify you that we have decided to change the structure of our office and reshuffle some personnel. These moves were decided upon after careful review at the Board of Directors meeting held on May 15. The purpose of the changes is to seek further operating efficiency and to control costs.

We will announce the details as soon as they are finalized, so your patience at this time is greatly appreciated.

その他の表現

「品質管理部は、品質保証部に変更となりました」
Our former Quality Management Division is now called the Quality Assurance Department.

「営業企画部を、廃止いたします」
The Marketing and Sales Promotion Department will be disbanded.

＊disband 「解散する」

21.会社買収、合併の通知

> **件名:** 合併のお知らせ
>
> この度、GHI株式会社は、本年11月1日に弊社の完全子会社であるJ-Salesを吸収合併いたしますので、お知らせいたします。合併後、社名はGHI株式会社として営業いたします。この合併により、より高い経営効率および、生産性の向上をはかります。

> **Subject:** Announcement of Merger
>
> We are pleased to announce that effective Nov. 1 of this year GHI Corporation will merge with our wholly owned subsidiary J-Sales. Going forward, we will operate under the name of GHI Corporation. This merger will allow us to create a more efficient management structure and dramatically increase productivity.

語彙
- wholly owned 　　「全額出資の」
- going forward 　　「将来は」

ポイント
「大きい組織同士で合併・併合する」ときには、amalgamate with ～が使えます。また、「傘下に収まる、提携する」はaffiliate、「統合・合併する」はconsolidate、「買収する」はacquireになります。

その他の表現
「日比谷支店と東京駅支店が、統合いたします」
Our Hibiya branch will be combined with the Tokyo Station branch.

22.海外支店、事務所新設の通知

件名：マドリッド支店開設のお知らせ

この度、マドリッドに支店を開設いたしましたので、ご案内申し上げます。ヨーロッパでの業務拡大を、目標にしております。もしマドリッドにお越しになられることがございましたら、ぜひお立ち寄り下さい。詳細は、以下になります。

Subject：Madrid Branch Now Open

We take pleasure in announcing the establishment of our overseas branch in Madrid. We have done so with the goal of expanding our business in Europe. If you happen to find yourself in Madrid, please stop by and see us. The details of this new branch are as follows：

その他の表現

「ジャカルタに駐在員事務所を開設いたしました」

We've now opened an overseas office in Jakarta.

＊ overseas office 「駐在員事務所、海外支店」

「当社のオーストラリアでの市場拡大を目指して、シドニー支店の開設をいたしました」

We've opened a Sydney branch in a bid to increase our market share in Australia.

＊ in a bid to 〜 「〜を目指して」

「海外支店網は、2009年3月現在合計で25支店となります」

There are a total of 25 branch offices in our international network as of March 2009.

23. 会社設立の通知

件名: シンガポールに新会社SCA設立のお知らせ

当社の製品販売網を、アジア地域にて拡大するため、シンガポールに新会社を設立いたしましたので、お知らせいたします。ぜひ、私どもにご用命下さいますよう、お願い申し上げます。

Subject: New Company SCA in Singapore

We are delighted to inform you that we have established a new company in Singapore in order to expand our sales network in Asia. We hope that we may have the opportunity of serving you.

その他の表現

「この度、北京市にDees 会社との合弁会社を設立いたしました」

We have just launched a joint venture company in Beijing with Dees Co.

「ドイツに子会社を設立いたしました」

We have opened a subsidiary in Germany.

「一層のグローバル化に対応するため、海外現地法人を設立いたします」

We will establish an affiliated company overseas in order to respond to further globalization.

＊ affiliated company 「関連会社」

「新しい事務所にお迎えできる日を楽しみにしています」

We look forward to having you visit our new office.

24.撤退、廃業、閉店の通知

件名：大連支店撤退のお知らせ

本日開催の取締役会において、残念ながら、大連支店の閉鎖について決議いたしましたので、お知らせいたします。皆様には格別のご愛顧を賜りまして、誠にありがとうございました。

Subject：Dalian Branch Closing

This is to notify you that at our board meeting held today, we have regrettably decided to close our Dalian branch. We would like to express our deepest appreciation for your loyal patronage.

語彙

・patronage 　「引き立て、愛顧、ひいき」

その他の表現

「残念ながら、2009年10月31日をもちまして、当社は営業終了いたします」

　We regret to inform you that we will be closing down our business on Oct. 31, 2009.

「突然ではございますが、このたび弊社はやむを得ぬ事情により、廃業いたすことになりました」

　I know it's sudden, but we will be shutting down our business operations due to unavoidable circumstances.

「過去10年間のお付き合いありがとうございました」

　I very much appreciate all your help and support over the last ten years.

25.サーバーメンテナンスの通知

> **件名：** サーバーメンテナンス実施のお知らせ
>
> 8月10日（日）午前8時〜午後5時、サーバーの定期メンテナンスを実施させていただきます。メンテナンス中は、以下のサービスはご利用いただけません。
>
> 【対象となるサービス】
> ・メール送受信
> ・サイト内検索

> **Subject：** Server Maintenance
>
> We will be performing our regular server maintenance on Aug. 10（Sun）from 8：00 am to 5：00 pm. During this period, the following services will be unavailable：
>
> ・The ability to send / receive e-mails
> ・The ability to search within the site

ポイント

　メンテナンス作業中は何に影響が出るのかを、具体的に明記します。

その他の表現

「断続的に、ホームページにアクセスできなくなります」

There will be intermittent outages in being able to access the website.

　＊ intermittent　　「断続的な」
　＊ outage　　　　　「供給停止」

26.株主総会開催のご案内

件名:	第80回定時株主総会のご案内

当社、第80回定時株主総会を下記の通り開催いたしますので、ご出席下さいますようお願い申し上げます。なお当日ご出席願えない場合は、書面またはオンラインで議決権を行使することができますので、お手数ですが添付書類をご検討いただき、6月25日までに議決権をご行使下さいますようお願い申し上げます。

Subject:	80th Annual Shareholders' Meeting

You are cordially invited to attend the 80th annual shareholders' meeting detailed below. If you are unable to attend the meeting, you can exercise your voting rights in writing or online. Please review the attached file and complete your vote by June 25.

ポイント

株主総会の通知は、通常、郵送しますが、メールで通知することもできます。オンラインで議決権を行使できる会社もあります。

語彙

- cordially 「心から、謹んで」
- (shareholder) voting right 「議決権」
- in writing 「書面で」

その他の表現

「議決権の代理行使もできます」

You can vote by proxy.

＊proxy 「株主代理権行使、委任、代理人」

27.新商品やサービス、キャンペーンの通知

| 件名: | 10周年記念キャンペーン！ |

当ホテル開業10周年を記念いたしまして、特別ご宿泊プランを、ご案内いたします。

2名様1泊朝食付き、通常料金￥29,000のところ、￥20,000でご利用いただけます。そして、お部屋はすべて20階以上の高層階の豪華な洋室になりますので、東京を一望する素晴らしい眺めをお楽しみいただけます。
2009年9月15日〜2009年10月15日の、期間限定です。
詳しくはお電話をいただくか、当ホテルのホームページをご覧下さい。

| Subject: | 10th Anniversary Special Promotion! |

To celebrate our 10th year in business, we are delighted to announce the following special package.

For only ¥20,000, we are offering a one-night stay with complimentary breakfast for 2 people. The regular rate for such a package is ¥29,000, so the savings are considerable. In addition, your luxurious, Western-style room is guaranteed to be on the 20th floor or higher, so you can enjoy breathtaking views of Tokyo.
This package is only available from Sept. 15 through Oct. 15, 2009. For more information, please call us or visit our website.

ポイント

　新商品やサービス、キャンペーンの紹介をするときは、次の決まり文句が使えます。We are delighted /

excited / pleased to announce that〜（〜をご案内でき
ますことを、大変嬉しく思います）。そして、相手の
興味を引くように、それらの特徴やメリットを、簡潔
に述べます。また、詳細はホームページで見てもらう
か、メールか電話での問い合わせとすると、長文にな
らずに済みます。

語彙
・breathtaking 　　「息を飲むような、驚くほどの」

その他の表現

「これは、特別なお客様への期間限定サービスです」
Here is a limited-time offer for our special
customers.

「当社の全ての商品が4月末まで30％オフです」
All of our products will be 30% off until the end of
April.

「7月15日から、サマーセールキャンペーンを実施
いたします！」
We will be starting our summer sales campaign on July
15!

「これらの特別限定サービスを是非ご利用下さい」
Take advantage of these exclusive offers!

「当社ウェブサイトwww.zgdf.comをぜひチェック
してみて下さい！」
Please come check out our website at www.zgdf.
com!

　　＊ come check = come (and) check
　　＊ check out 　　「よく調べる」

28.価格変更の通知

> **件名:** 価格変更： AX 555型製品
>
> 　２００９年4月1日より、AX 555型製品の販売価格を、下記の通り改定させていただくことをお知らせします。これは、原油価格の高騰により、原材料価格が値上がりしたためです。
>
> 　私どもは、これまでと同様、最高品質の商品開発に努めて参ります。この件に関するご理解と引き続きのご愛顧をどうぞよろしくお願いいたします。

> **Subject:** Price Change： AX555 Model
>
> This is to notify you that effective April 1, 2009, we will increase the price of the AX555 model as shown. This is because the price of raw materials has increased in accordance with soaring crude oil prices.
>
> We assure you that we remain committed to providing the highest quality product development. We thank you for your understanding in this matter and your continued business.

ポイント

　値下げの通知ではあまり問題ないのですが、値上げの場合は、特にきちんと理由を述べます。そして、謝罪はせずに相手の理解に感謝を述べ、今後のビジネスへの期待の気持を込めて締めくくります。

語彙

・in accordance with ～　　　「～に従って」

- soaring 「急上昇の」
- crude oil 「原油」
- remain committed to ～ 「引き続き～に力を注ぐ」

その他の表現

「1997年より価格を上げておりません」
We have not increased our price since 1997.

「今まで現在の価格を維持できるように、最大限努力して参りました」
We have made every effort to keep the current price.

「生産コストの上昇のため、価格変更を実施させていただくことになりました」
Because of increased production costs, we must raise the price of our products.

「この度の値上げにご理解いただき、引き続き優れたサービスを提供させていただきたく存じます」
We trust you will understand the necessity of this price increase and we look forward to continuing to provide you with excellent service.

「在庫一掃セール期間のため、40％オフにいたします」
We will reduce the price by 40% during our inventory clearance sale.

「商品Aの価格を引き下げることを、お知らせいたします」
We would like to announce that we will reduce the price of product A.

29. 支払いの通知

> **件名:** 振込み通知(請求書番号754)

請求書番号754の支払い3,000USドルを、本日、御社の銀行口座に振込みいたしました。入金をご確認いただけましたら、メールでご連絡をお願いいたします。

> **Subject:** Notification of Credit (Invoice #754)

The amount of US $3,000 was remitted to your bank account today for invoice #754. After you confirm this transfer, please let me know by e-mail.

語彙

- credit 「銀行口座に入れる、送金する」
- invoice 「請求書」
- remit 「(お金を電信・為替などで)送る」
- transfer 「(名詞)送金額」、「(動詞)送金する」

その他の表現

「御社の銀行口座に、電信にて60,000USドルを、振込みいたしました」

This is to inform you that we sent a wire transfer of US $60,000 to your bank account.

　＊ this is to inform you that ～
　　　　　　　　　　「～をご報告します」
　＊ wire transfer 「電信送金」

「御社の口座に、明日までに3,000USドルを、振込みいたします」

We will credit US $3,000 to your account by tomorrow.

30. 支払い受領の通知

件名: 入金確認しました（請求書番号 LS 988）

本日、請求書番号 LS988 に対するお支払い160万円を、受領いたしました。迅速なお支払いに感謝いたしますとともに、またのご注文をお待ちしております。

Subject: Confirmation of Payment（Invoice #LS988）

This is to confirm that we received your remittance of 1,600,000 yen today, which covers our invoice #LS988. We appreciate your prompt payment and look forward to receiving your next order.

語彙

- confirmation of 〜 　　「〜の確認」
- remittance 　　　　「送金、送金額」

その他の表現

「今朝、経理部より、御社からお支払いをいただいたとの連絡を受けました」

We were advised by our accounting department this morning that they have received the payment.

「御社と再びお仕事でご一緒し、お役に立てることを願っております」

We look forward to working with you again and hope that we can be of further service.

「本日、注文番号25に対するお支払い70,000円への領収書を送付いたしました」

This is to inform you that we sent a receipt today for your 70,000 yen payment for order #25.

31. 納期の通知

件名: 納期のお知らせ

納期は、ご注文をお受けしてから1週間から3週間ほどになります。また、夏期休暇中、年末年始の休暇中は対応できかねますので、あらかじめご了承下さい。

Subject: Expected Delivery Schedule

Your products should be delivered 1 to 3 weeks after we receive your order. Please also note that we cannot process orders during the summer and New Year's holidays.

その他の表現

「ご注文承り日から、2～4営業日でお手元に届きます」

You should receive your products within 2-4 business days after the order date.

「商品の在庫状況によって、納期が異なります」

The date of delivery depends on the availability of product.

「商品は、注文日から約10日で仕上がります」

Your product will be completed approximately 10 days from the date of order.

「非常に多くのご注文をいただいているため、商品の発送が遅れることが予想されます」

Due to the high volume of orders, we are expecting delays in shipping the products you have ordered.

「商品の到着まで、2～3週間お待ち下さい」

Please allow two to three weeks for delivery.

32.送料、手数料の通知

件名: 送料について

10,000円を超えるご注文につきましては、弊社で送料を負担いたします。

Subject: Shipping Charges

Please note that shipping is included on the condition that your order is over 10,000 yen.

語彙

・on the condition that ～　　「～という条件で」

その他の表現

「送料は、お届け先によって異なります」
Shipping costs vary depending on destination.

「送料は、ご注文いただいた商品の重さによります」
Shipping charge depends on the weight of your order.

「送料は、価格に含まれております」
The shipping cost is already included in the price.

「お見積価格に、送料は含まれておりません」
Delivery charges are not included in the quoted prices.

「お客様の手数料は、15USドルになります」
Your handling charge will be US $15.

「送料および手数料は、以下の表をご覧下さい」
Please refer to the chart below for postage and handling.

33.請求書送付の通知

件名: 請求書送付のご案内(注文番号VG 80)

注文番号VG 80の請求書を、昨日発送いたしました。請求書の日付から、30営業日以内にお支払い下さい。請求書の金額に、何かご不明な点がございましたら、早急にご連絡下さい。

Subject: Invoice Sent (Order #VG80)

This is to notify you that the invoice for your order #VG80 was sent yesterday. Please note that your payment is due within 30 business days of the invoice date. If you have any questions regarding charges on your statement, please contact us immediately.

語彙

・statement 「計算書、明細書」

その他の表現

「為替レートの変動によって、価格が変更になる場合があります」

　Please be aware that prices may change due to exchange rate fluctuations.

「下記の銀行口座に、お支払い下さい」

　Please remit to our bank account as stated below.

「4月3日にお客さまが注文されました商品の請求書を、お送りいたします」

　We are sending you the invoice for your order on April 3.

34.商品発送の通知

件名:| 発送通知：注文番号Ｋ１２８７

ご注文の商品（注文番号Ｋ１２８７）を、本日航空便にて発送いたしました。ロンドンには、11月18日に到着する予定です。インターネットで発送状況が分かります。下記のアカウント番号より、http：//www.lmn.comで検索して下さい。

Subject:| Dispatch Note： Order #K1287

Your purchase (order #K1287) was shipped by air today. The estimated arrival time in London is Nov. 18. You can find the status of your shipment online. Please visit http://www.lmn.com and search by the tracking number listed below.

その他の表現

「注文番号3641を下記の通り出荷いたしました」

We shipped your order (#3641) as follows：

「ご購入品は、早ければ2月18日にお手元に届きます」

You will receive your purchase on Feb.18 at the earliest.

＊ at the earliest 「早くて、最短で」

「無事にお手元に届きましたら、ご連絡下さい」

Please let us know when you receive this.

「到着をご通知下さい」

Please acknowledge your receipt of this order.

＊ acknowledge「（手紙・荷物の到着を）知らせる」

35.商品受領の通知

件名:	商品受領のお知らせ(注文書番号Ｋ1287)

本日、無事に商品が届きました。ありがとうございました。

Subject:	Receipt of PO #K1287

The shipment arrived today in good condition. Thank you very much.

ポイント

商品の発送通知や受領通知は、先方から特に依頼がなくても確認のために送るのがマナーです。

語彙

・PO ＝ purchase order 「注文書」

その他の表現

「注文番号Ａ1124の荷物を昨日受け取りました」

We received the shipment for order #A1124 yesterday.

「これほど早く届くとは思っていませんでした。迅速なご対応に感謝します」

We didn't expect such a fast delivery. Thank you very much for your quick response.

＊ response 「対処、対応」

「商品は、損傷なく無事に到着しました」

The goods arrived safely and undamaged.

「迅速かつ丁寧な対応を、ありがとうございました」

Thank you for your quick and attentive handling of the order.

＊ attentive 「用心深い、油断しない」

36.商品製造、サービス中止の通知

件名:	CR-T 10シリーズ製造中止のお知らせ

CR-T 10シリーズは、原料の入手が大変困難となり、製造を中止することにいたしました。つきましては、在庫限りの販売とさせていただきます。お客様には大変ご迷惑をおかけいたしますことを、心よりお詫び申し上げます。

Subject:	Notice of Discontinued Product : CR-T10

We regret to inform you that we will discontinue the CR-T10 series because certain raw materials are extremely difficult to obtain. When we sell out the current stock of products, all sales of the CR-T10 will be ended. We apologize for any inconvenience this may cause you.

語彙

・raw materials 「原材料」

その他の表現

「以下のサービスを、2009年12月末日をもちまして終了とさせていただきます」

The following is a list of services that will be discontinued effective Dec. 31, 2009.

「申し訳ございませんが、ご要望いただきました商品は、製造中止になっております」

We are sorry but the item you requested is out of production.

＊out of production 「製造 / 生産中止」

ビジネス英語ミニコラム2—主な部署名

　以下に代表的な部署名を一覧にしました。

総務部　General Affairs Division / Department

人事部　Human Resources Division / Department,
　　　　Personnel Division / Department

経理部　Accounting Division / Department

財務部　Finance Division / Department

法務部　Legal Division / Department

秘書室　Secretarial Room, Secretary Section

企画部 / 室　Planning Division / Department / Office

宣伝部　Publicity Division / Department,
　　　　Advertising Division / Department

広報部　PR(Public Relations) Division / Department

マーケティング部　Marketing Division / Department

業務管理部
　　　Business Administration Division / Department

情報技術部
　　　IT(Information Technology) Division / Department

研究開発部
　　　R&D(Research and Development)Division /
　　　Department

営業 / 販売部　Sales Division / Department

販売促進部　Promotions Division / Department

製造部　Manufacturing Division / Department

技術部　Engineering Division / Department

仕入部　Purchasing Division / Department

海外事業部　Overseas Division / Department

37.予定の確認

件名:	9月25日のミーティングの確認

9月25日（金）のミーティングの確認です。変更がなければ、午後2時に御社にお伺いいたします。

Subject:	Confirmation of Meeting on Sept. 25

This is to confirm our meeting on Friday, Sept. 25. If there is no change to the schedule, we will plan on meeting you in your office at 2：00 pm.

ポイント

　予定していたミーティング、訪問などの日程が近づいてきたら、念のために確認のメールを入れます。

その他の表現

「月例会議が4月4日に変更されたことをお忘れなく」
Please keep in mind that our monthly meeting has been rescheduled to April 4.

「変更したスケジュールを1週間前にメールしましたが、受け取っていらっしゃいますか」
Have you received the revised schedule I e-mailed a week ago?

「変更のご連絡がなければ、弊社にて午前9時半にお目にかかります」
If I don't hear from you with any changes, I will see you in our office at 9：30am.

「もし変更をご希望でしたら、至急ご連絡下さい」
If you would like to change the appointment, please contact us as soon as possible.

38. 在庫の確認

件名: 商品番号ＤＸ192の在庫確認

商品番号ＤＸ192の、追加注文を検討しております。つきましては、貴社に150個在庫があるかどうかを、確認していただけますでしょうか。

Subject: DX192 Availability

We are considering placing an additional order for the DX192. Could you please advise if you have 150 of them in stock?

語彙

・in stock「在庫がある」↔ out of stock「在庫切れ」

その他の表現

「御社にその商品の在庫があるかの確認です」

We would like to confirm that you have the items in stock.

「在庫があるのかどうか、確認したいのですが」

I would like to check if you have any more in stock.

「価格と在庫数を、確認させて下さい」

Please let me check the price and available inventory.

＊ available 「入手できる」

＊ inventory 「在庫」

「この商品の在庫は、まだありますか」

Do you still have this product in stock?

「この商品の在庫があるかどうか、確認して下さい」

Please confirm whether this item is available.

39.契約内容の確認

件名：第3回契約修正について

本日の会議に基づき、修正および追加をしました。必要な変更事項がすべて反映されているかどうか、ご確認下さい。今後、さらにご契約内容に何か変更が生じた場合は、弊社まで必ずご連絡下さい。

Subject: Third Contract Revision

Based on our discussion at the meeting today, we have revised the contract to include all corrections and additions. Please confirm that all required changes have been covered. Also, please make sure to inform us of any further changes to the contract details.

ポイント

　契約社会の欧米では、たくさんの契約書が日々交わされます。契約に関するメールは、どんなに細かいことも当事者全員の間でやり取りを重ねます。

その他の表現

「契約内容の書き換えをおこなう場合は、改訂版をお送り下さい」

If you would like to rewrite the contract, please send us the revised version.

「正式な雇用契約書は、今月末までに作成されます」

The formal employment agreement will be finalized by the end of this month.

　　＊ employment agreement 「雇用契約（書）」
　　＊ finalize 「仕上げる、まとめる」

40.納期や支払い期限の確認

件名: 支払い期限の確認

3月と4月分のお支払い期限が本日であることを、お知ら
せいたします。お支払いがお済みかどうか、ご確認をお願
いします。

Subject: Deadline Reminder

This is just a quick note to remind you that the due day for the March and April payments is today. We would appreciate your confirmation when these payments have been made.

その他の表現

「締切りは明日ですので、お忘れなく」

Please keep in mind that our deadline is tomorrow.

＊keep in mind that〜「〜ということを覚えておく」

「支払い期限に関してはくれぐれもお気を付け下さい」

Please pay careful attention to the payment due date.

「これは、予定通りに商品をお届けできるというお知らせです」

This e-mail is to confirm that we will deliver your shipment as scheduled.

「商品の出荷状況を、お知らせ下さい」

Please notify us of the current shipping status of our order.

41.資料送付後のフォロー

件名: 弊社パンフレット

先日お送りした弊社のパンフレットは、無事にお手元に届きましたでしょうか。他に何かお役に立てることがございましたら、いつでもご連絡下さい。

Subject: Company Brochure

I am writing to ensure that you received our company brochure I sent the other day. Please feel free to contact me if I can provide any further assistance.

ポイント

先方から連絡がなかったら、資料が届いたかどうかの確認メールを送ります。

語彙
- brochure 「冊子、パンフレット」
- feel free to 〜 「遠慮なく〜する」

その他の表現

「1月30日に送付いたしました価格表が届いたかどうか、確認させていただこうと思いました」

I would like to know if you received the price list I sent on January 30.

「もしご要望がございましたら、追加資料をお送りいたします」

We will be pleased to send you additional information on request.

＊ on request 「要求に応じて」

42.新規取引、提携の依頼

件名: 技術提携の可能性について

BMP社のアンソニー・ブラウン氏から、ご紹介いただきました。弊社は、塗料用樹脂専門の研究開発会社で、世界規模での研究開発ネットワークの構築を、目指しております。海外事業の伸長で、2008年度には、過去最高売上げ1億USドルを達成しております。

そこで、当社との技術提携契約にご興味はございませんか。当社が技術を提供し、御社がロイヤリティーをお支払いいただくというこの提携によって、両社がより国際的な競争力ある企業へ発展するものと確信しております。

Subject: Possible Technology Alliance

I was referred to you by Mr. Anthony Brown of BMP Company. We are a research and development company specializing in paint resin, and are aiming to construct a global R&D network. Our sales hit an all-time high of 100 million US dollars in 2008 due to our strong overseas operation.

Would you be interested in a technological alliance with us? This would surely improve the global competitiveness of both of our companies through our supplying the technology and your contribution of royalties.

ポイント

先方を知った経緯を伝え、自社の紹介、特に実績をアピールします。そして取引関係を結ぶことによって、双方にどのようなメリットがあるのかを力説します。

語彙
- paint resin 「塗料用樹脂」
- all-time high 「最高記録、史上最高」

その他の表現

「前年同期比で、3四半期連続のプラス成長を記録しております」

We have recorded year-over-year positive growth for three consecutive quarters.

＊ year-over-year 「前年比(で)」

「この提携により、両社の業務効率が飛躍的に向上します」

This collaboration will dramatically raise the efficiency of both companies.

＊ dramatically 「飛躍的に、劇的に」

「御社とお取引関係を築くことを望んでおります」

We are interested in establishing a business relationship with your company.

「ご興味があるかどうか、お知らせ下さい」

Please let us know if you would be interested.

「もしこの件に関して貴殿がご担当でなければ、適任の方にこのメールを転送していただくか、あるいはどなたとご連絡を取ればよいのか、教えていただくことは可能でしょうか」

If you are not the right person to contact, could you please forward this e-mail to the appropriate person or let me know who to get in touch with?

43. 見積もり依頼

件名:	お見積もり依頼

以下の御社の商品に興味があります。これらの商品のお見積もりを、来週の火曜日までにお送りいただけますでしょうか。見積書には、送料も含めるようお願い申し上げます。

Subject:	Request for Estimate

We are interested in the items below and would appreciate your sending us a price estimate for them by next Tuesday. Please be sure to include any shipping fees in your quote.

ポイント

「見積もり(価格)」は、estimation、estimate、quoted price、quotation、quoteですが、「(売り手の)提示価格、希望価格」はasking priceと言います。

その他の表現

「見積もりの有効期限を、お知らせ下さい」

Please inform us of the date your quoted price expires.

＊ expire 「有効期限が切れる」

「見積もりの確定価格を、メールかファックスでお送りいただけますか」

Can you please e-mail or fax me a final quote?

「雑誌への広告掲載料金は、いくらになりますか」

Could you tell me how much it would cost to run an advertisement in your magazine?

＊ run an advertisement 「広告を出す」

44. 協賛の依頼

件名:	ビジネス見本市協賛依頼

この度、6月15日〜18日で、第9回ビジネス見本市を開催いたします。そこでぜひご協賛を賜りたく、ご連絡させていだいております。ご協力いただいた場合はパンフレットに広告を掲載させていただきます。

当見本市は毎年大盛況ですので、御社にとって大きなPRになると思います。

Subject:	Business Expo Request for Sponsorship

We will be holding "The 9th Business Expo" from June 15-18 and we are currently seeking corporate sponsors. Sponsors will be given prominent advertising space in the Expo brochure.

As this event has been highly successful every year, your involvement should provide great PR for your company.

ポイント

協賛の内容を明確にし、それによって協賛する側にどのようなメリットがあるのかを伝えます。

その他の表現

「御社の製品を、下記条件にてご提供下さいますようお願い申し上げます」

We would appreciate it if you could offer your products subject to the conditions below.

＊subject to 〜 　「〜を条件として」

45.納期や支払い延期の依頼

件名: 支払い日延期のお願い（請求書番号3492）

請求書番号3492のお支払い期限が、6月15日ということは承知しておりますが、7月15日まで延期していただくわけにはいかないでしょうか。

誠に申し訳ございません。どうかご理解下さい。良いお返事を期待しております。

Subject: Request to Postpone Payment（#3492）

We understand that payment for your invoice #3492 is due on June 15. However, could you possibly allow us to postpone the payment until July 15?

Please accept our apologies for making this request. We appreciate your understanding and look forward to receiving a favorable response from you.

その他の表現

「納期を5月20日まで延期していただけますよう、お願い申し上げます」

We would be most grateful if you could reschedule the due date to May 20.

「あと10日、決済をお待ちいただけないでしょうか」

We would appreciate your granting us 10 more days to settle the account.

「支払い延期を、ご検討いただけないでしょうか」

Would you consider extending the payment date?

46. 会社への道案内の依頼

件名: 御社への行き方

来週、御社へお伺いすることになっているのですが、御社への行き方と地図を、メールかファックスで送っていただけると助かります。

Subject: Directions to Your Office

I am scheduled to visit your office next week and I would appreciate it if you could e-mail or fax me a map with directions to your office.

語彙

・be scheduled to ～　「～する予定になっている」

その他の表現

「最寄りの駅名を、教えていただけませんか」
Could you please tell me the name of the closest station to your office?

「御社にお伺いする場合は、地下鉄を利用するべきでしょうか」
Should I use the subway to visit your office?

「どの出口を利用するのが一番便利でしょうか」
Which exit is the most convenient?

「駅から徒歩何分でしょうか」
How long does it take to get to your office from the station on foot?

47.アンケートの依頼

件名: アンケートの依頼

本日の弊社セミナーにご参加いただき、ありがとうございました。皆様にとって有意義なものであり、ご期待以上の内容であったでしょうか。

そこで、本日のプレゼンテーションに関する皆様のご意見やご感想を、ぜひお聞かせ願いたいと思っております。つきましては、添付のアンケートにご協力いただけないでしょうか。頂戴したご意見は、弊社のサービス向上と、今後さらに充実した研修内容を参加者の皆様に提供させていただくために、活用させていただきます。

お忙しいところ恐縮ですが、どうぞよろしくお願いいたします。

Subject: Evaluation Form

Thank you for participating in our seminar today. We hope that it was a valuable learning experience and that the content exceeded your expectations.

We would appreciate your feedback on today's presentations. Please complete the attached evaluation form. Any information provided will help us serve you better and improve the experience for future participants.

Thank you in advance for taking the time to respond.

語彙
・exceed 「〜を超える、〜に勝る」

・feedback 「(視聴者、利用者からの)反応、意見」

・evaluation form 「評価書式→アンケート」

その他の表現

「弊社の商品に関してのオンラインアンケートに、ご協力いただけないでしょうか」

We would like to invite you to participate in an online survey about our product line.

    ＊survey 「調査、世論調査、アンケート」

    ＊product line 「製品ライン、取扱品目」

「より良いサービスをご提供するために、添付のアンケートにお答えいただき、弊社までご返送いただければ幸いです」

To help us serve you better, we would be grateful if you could complete the attached survey and send it back to us.

「重要と思われる点に関して、できるだけ詳しくアンケートにご回答下さい」

Please fill out the questionnaire with as much detail as you feel is relevant.

    ＊fill out 「(空所に)書き込む、記入する」

    ＊questionnaire 「アンケート、質問(書)」

    ＊relevant 「関連がある、重要性を持つ」

「皆様からのご回答は、私どものサービス向上に欠かせない、大切な情報となります」

Your answers will be a most valuable resource as we work to improve our service.

48.価格、納期の交渉

件名:	大量注文値引きのご相談

大量注文の場合、大幅な値引きをしていただくことは可能でしょうか。価格が満足いくものであれば、大量注文を考えております。

Subject:	Bulk Order Discount

Would it be possible for us to receive a substantial discount on a bulk order? If the price is satisfactory, we expect to place a larger order.

ポイント

要求や希望を丁寧に伝え、そうして欲しい理由やこちら側が譲歩や提案できる条件を簡潔に提示します。

語彙

・bulk order 「大口発注、大量注文」
・substantial 「かなりの、大幅な」
・place an order 「注文する、発注する」

その他の表現

「お見積もりを検討させていただきましたが、この価格では割高だと思います。もう少しお安くしていただけないでしょうか」

We have examined your quotation and determined that it is rather high. Would you be able to discount the price any further?

「非営利目的であれば値引きをしていただけますか」

Do you give discounts for non-profit use?

「一度に複数の商品購入の場合は値引きをしていただ

けないでしょうか」

Do you give discounts to customers who order several products at a time?

「数量割引をしていらっしゃいますか」

Do you offer volume discounts?

「分割払いが可能であれば、その価格でお支払いします」

If payments can be made in installments, we can accept that price.

「現金でお支払いをいたしますので、値引きをしていただけますでしょうか」

Do you offer discounts for cash payment?

「10％の値引きをお願いいたします」

We would like to request a 10% discount.

「もう少し低価格でお願いできないでしょうか」

Could you give us a more competitive price?

＊ competitive price 「競争価格、低価格」

「何とか5営業日以内に届けていただけないでしょうか」

Is there any way the products can be delivered within 5 business days?

「納期を1週間延長していただけますでしょうか。生産上の問題解決に予定より時間がかかりそうです」

We would be grateful if you could grant us a one-week extension of the delivery deadline. It looks like solving the production issues will take longer than originally anticipated.

＊ grant 「(権利などを)与える」

49. 新商品、サービスの説明

件名:	新ソフト STG-X 発売！

お客様のシステム環境の効率を高めるお手伝いをする、新ソフト STG-X が本日発売されました。

この画期的な商品は、マネージメント機能が強化された、市場では他に類を見ないものであり、起業家、実業家の皆様、そして中規模企業経営者の皆様にとって非常に価値がある商品です。

この画期的な新商品の詳細については、弊社ウェブサイトへ今すぐどうぞ！

Subject:	New STG-X Software Release!

Today, we are delighted to introduce STG-X software, a new product aimed at enhancing the efficiency of your systems environment.

This cutting edge product, with improved management function, is far superior to anything currently existing in the marketplace and will be of tremendous value to entrepreneurs, business professionals and medium-sized businesses.

Visit our website now to learn more about this exciting new product!

ポイント

　相手の興味を引くような魅力的な言葉で簡潔に商品の特徴を説明します。そして、詳しい資料はホームペー

ジで見てもらうのか、別途添付するのか、その入手方法を伝えます。

語彙

・cutting edge	「最先端の」
・superior to〜	「〜より優れる」
・of value to〜	「〜にとって価値がある」
・entrepreneur	「起業家、企業家、事業家」
・medium-sized business	「中規模企業経営者」

その他の表現

「この新商品は新しい画期的な特徴がいっぱいです!」

This new product is packed with revolutionary new features!

＊revolutionary　「画期的な、革新的な」

「以下の点で市場の他の競合製品とは異なります」

Our product is different from competing products on the market in the following respects :

＊respect　「点、事項」

「この商品の目的は、インターネットとテレビの接続を簡単にすることです」

The purpose of this product is to make it easy to set up a connection between the Internet and your television.

「お客様のニーズを満たし、さらにはお客様が期待される以上の商品を提供することを、お約束します」

We promise our product will meet your needs and even exceed your expectations.

50.納期遅延の理由説明

件名: 出荷の遅延について

大変申し訳ございませんが、商品を予定通りにお届けできなくなりました。仕入れ先より、製造上の都合により出荷時期を、5月上旬まで延期しなければならないとの連絡を、急遽受けました。

Subject: Delay in Delivery

We regret to inform you that we will not be able to deliver your items on schedule. We were told on very short notice by our supplier that they needed to delay their shipping date until the beginning of May due to manufacturing issues.

その他の表現

「輸送会社によると、商品は検査のため税関で止められているとのことです」

According to the freight company, the shipment is being held in customs for examination.

「商品は、ただいま搬送中と判明いたしましたので、間もなくお手元に届くはずです」

We found out that the products are now in transit and should arrive shortly.

＊in transit 「輸送中で、運送中で」

「この遅延の原因究明のために、もうしばらくお時間をいただけますでしょうか」

Could you please allow us more time to discover the cause of the delay?

51. 支払い遅延の理由説明

> **件名:** 支払い遅延のお詫び

支払いが遅れており、大変申し訳ございません。遅延の理由を、説明させていただけますでしょうか。すでにご存知のことと思いますが、弊社の主要な取引先が突然倒産し、それにより弊社も一時的にキャッシュフローが滞っております。どうかご理解いただけますよう、切にお願いいたします。

> **Subject:** Apology for Delay in Payment

We sincerely apologize for not being able to settle our account with you. Please allow us to explain the reason that we have had to delay payment. As you probably know, our major trading partner went bankrupt suddenly, which has temporarily reduced our cash flow. Your understanding of our situation would be greatly appreciated.

語彙
・settle an account 「支払いをする」

その他の表現

「支払いが遅れている理由を説明させて下さい」
Please allow us to explain why the account is overdue.

＊overdue 「遅延する、未払いの」

「経理手続きで、何らかのミスがあったようです」
There seems to be an error in our accounting procedure.

52.商品不採用（返品、キャンセル）の理由説明

件名：	注文キャンセル（注文書番号17265）

大変申し訳ないのですが、急激な円高のため、注文をキャンセルしなければなりません。

ご迷惑をお掛けしますが、どうかご理解下さい。

Subject：	Cancellation of Order (PO #17265)

We regret to inform you that we must cancel our order because of the dramatic appreciation of the yen.

Please accept our apologies for any inconvenience this may cause you, and thank you for your understanding.

ポイント

　相手に不利益となる返品やキャンセルの場合、理解を得て納得してもらうため、その理由を論理的に説明します。

語彙

・regret to inform you that ～

　　　　　　　　　　「残念ながら～をお知らせします」
・dramatic 　　　　　「飛躍的な」→「急激な」
・appreciation of the yen「円高」

　（ちなみに「円安」は、depreciation of the yenです）

・inconvenience 　　「不便さ、迷惑」

その他の表現

「8月10日までの納品が不可能であれば、この注文をキャンセルいたします」

　　If you cannot deliver the products by Aug. 10, we
　　will need to cancel this order.

「御社の製品が、弊社の製品と完全に<u>互換性</u>があるわ
けではないことがわかりました」

　　We have just discovered that your product is not
　　completely compatible with ours.

　　　＊ compatible with ～　　「～と<u>互換性がある</u>」

「急な資金繰りの悪化により、注文をキャンセルせざ
るを得ません」

　　We must cancel our order because of a sudden
　　difficulty in raising funds.

　　　＊ difficulty in ～　　「～が困難」

　　　＊ raise funds　　　　「資金を調達する」

「商品がカタログの写真とかなり異なるので、返品さ
せていただきたいのですが」

　　As the item I received looks very different from the
　　photo in the catalog, I would like to return it for a
　　refund.

「不良品なので返品いたします」

　　I am returning this product because it is defective.

　　　＊ defective　　「欠陥のある」

「この決定がご迷惑であるのは承知しておりますが、
ぜひご理解いただけますよう、お願い申し上げます」

　　We realize the inconvenience of this decision but
　　would greatly appreciate your understanding.

53. 商品発売日遅延の理由説明

件名:	H-51 モデル発売日延期のお知らせ

11月5日に発売を予定しておりました、新製品H-51モデルについて、生産に予想外の遅延が発生し、発売日にどうしても間に合わず、やむを得ず発売を延期させていただくこととなりました。

大変申し訳ございません。あらためての発売日は、決定次第、ご連絡させていただきます。

Subject:	Release Date Delay for H-51 Model

Our new H-51 model was supposed to go on sale on Nov. 5, but an unexpected production delay has made that impossible. We will reschedule the release to a later date and deeply apologize for any inconvenience this may cause you.

We will inform you as soon as the new release date has been decided upon.

その他の表現

「製造工程に支障が生じております」

There have been some problems that occurred in the production process.

＊ production process 「製造工程、生産工程」

「品質を向上させるために、さらなる時間が必要と判断いたしました」

We've found we will need more time to improve the quality of the product.

54. 自動応答メール

件名: お問い合わせありがとうございます

Office.b.i.に、お問い合わせいただきありがとうございます。お客様のメールを受け取りました。2営業日以内にお客様にご返信を差し上げます。

このメールは、システムにより自動送信されています。このメールには、ご返信なさらないようお願いいたします。

Subject: Thank You for Your Inquiry

Thank you for contacting Office.b.i. We have received your message, and you should receive a response from us within 2 business days.

This message was generated automatically. Please do not reply to this e-mail.

ポイント

毎日たくさんの問い合わせ、注文申し込みなどのメールが届く場合は、自動応答機能で対応すると便利です。

その他の表現

「これは、お客様からのメールの受信をお知らせするものです」

This is to acknowledge receipt of your e-mail.

「24時間以内に、カスタマーサービスからご連絡を差し上げます」

Our customer service department will contact you within 24 hours.

55. 資料、情報の請求の受諾

> **件名:** 会社資料について
>
> メールをありがとうございました。当社にご興味を持って
> いただき、嬉しく思います。本日、当社の会社案内をお送
> りいたします。数日中にお手元に届くはずです。

> **Subject:** Our Company Information
>
> Thank you for your e-mail. We are pleased to learn of your
> interest in us. I will be sending you our company brochure
> today, so you should receive it in a few days.

語彙

・learn of〜　　「〜を知る」

その他の表現

「当社の製品カタログと価格表をお送りいたします」

We are sending you our product catalogue and price
list.

「ご請求のありました無料サンプルを、お送りいたし
ます」

We would be pleased to send you the free samples
as requested.

＊ as requested　　「要望により、依頼により」

「新しいカタログは、準備が出来次第お送りいたしま
す」

We'll send you our new catalogues as soon as they
become available.

56.見積もり依頼の受諾

件名:	Re：お見積もり依頼

当社の製品に関心を持っていただき、ありがとうございます。以下にお見積もりをさせていただきました。この見積書は、発行期日より30日間有効です。

Subject:	Re：Request for Quotation

Thank you for your interest in our product. We are pleased to provide you with the following quotation. This price is valid for 30 days from the date quoted.

語彙

・valid 「有効な、通用する」

その他の表現

「今回は、お試し価格でお見積もりをさせていただきました」

We have quoted you an introductory price.

「お見積もり額は送料と梱包費込みになっております」

The quoted price includes the cost of shipping and handling.

＊handling 「出荷作業」→「梱包」

「最低価格でお見積もりをさせていただいております」

This is the lowest price we can offer you.

「前回よりもお求めやすい価格で、お見積もりさせていただきました」

We have quoted a lower price than last time.

57.新規取引依頼の受付

件名: 業務提携の可能性について

この度は、弊社との業務提携をご提案下さり、ありがとうございました。前向きに検討させていただきますので、2週間ほどいただけますでしょうか。

Subject: Possible Business Affiliation

Thank you for your proposal about a business affiliation with us. We will seriously consider the idea. Please allow us about 2 weeks to reply.

語彙

・business affiliation 「業務提携」

その他の表現

「全関係部署で話し合ってからまたご連絡いたします」
I'll be in touch with you after we discuss the proposal with the departments involved.

「契約内容を検討した後、1か月以内にこちらからまたご連絡差し上げます」
We will examine the details of the contract and get back to you within one month.

「両社にとってこの協力関係は、大きなビジネスチャンスと考えております」
We regard this collaboration as a major business opportunity for both of us.

「御社とお取引ができますことを願っております」
We hope to be able to establish a business relationship with you.

58. 注文内容の変更、キャンセルの受諾

件名：キャンセル

ご注文から、取替用カートリッジを削除いたしました。合計金額は、25,000円になります。送料に変更はございません。添付の訂正させていただいた請求書を、ご確認下さい。

Subject: Cancellation

We removed the replacement cartridge from your order and the total amount now comes to 25,000 yen. The shipping charge will remain the same. Please review the revised invoice that is attached.

その他の表現

「キャンセルの理由を、伺ってもよろしいですか」
May I ask why you would like to cancel?

「キャンセルに関する規定に従っていただきますよう、お願い申し上げます」
Please adhere to the cancellation policy.

　＊ adhere to 〜　　　「〜に従う」

　＊ cancellation policy 「キャンセルに関する規定」

「この注文変更には、追加料金がかかります」
There is an additional cost for the order change.

「いったん倉庫に注文がいきますと、変更やキャンセルはできかねますので、ご注意下さい」
Please be aware that an order cannot be modified or cancelled once it is sent to the warehouse.

　＊ modify　　「変更する、修正する」

59. 納期や支払い延期依頼の受諾

件名：	Re：支払い日延期のお願い

12月1日まで、支払い日を延期することに同意いたしましたことをお知らせいたします。

Subject：	Re：Request for Postponement of Payment

This is to confirm that we have agreed to your request to postpone your payment due date until December 1.

その他の表現

「納期の延期を認めさせていただきます」

We consent to an extension of the delivery date.

＊ consent to 〜 「〜を承諾する、〜に同意する」

「今回に限り、支払い延期を認めさせていただきます」

We will allow you to postpone payment just this once.

「御社の売り上げ不振による資金難を、理解しております」

We understand that deteriorating sales have strained your financial situation.

＊ deteriorating 「悪化している、衰えている」

「御社の厳しい現状を、理解しております」

We understand the difficulty of your current situation.

「残金は、来月末までにお支払い下さい」

We would like you to settle the balance by the end of next month.

＊ settle a balance 「残額を決済する」

60.値引きの受諾

件名:	お値引きの依頼

十分検討させていただいた結果、ご依頼の値引きをお受けすることにいたしました。

Subject:	Request for Discount

After considerable discussion, we have agreed to the price reduction you requested.

語彙

・agree to ～　　　「～(計画、提案など)に同意する」

その他の表現

「このご注文に関しては、割引価格を適用させていただきます」

We can apply the discount price for this order.

「かなりのお値引きができます」

We can offer you a significant discount.

「弊社のカタログにある商品に関して、15％の値引きのご依頼をお受けします」

We accept your request for a 15% discount on our catalog items.

「御社に対して、30％の特別値引きをいたします」

We can give you a special 30% discount.

「注文品の受け取り2週間以内の支払いに対して、5％の値引きをさせていただきます」

We provide a 5% discount for payments made within 2 weeks of any order received.

61. 値引き依頼のお断り

件名:	お値引きのご依頼に関して

大変申し訳ありませんが、お問い合わせのあった商品のお値引きはできません。カタログの表示価格は、すでに最大限の割引価格になっておりますのでご了承下さい。

Subject:	Request for Discount

We are sorry but we cannot provide a discount for the item in question. Please understand that what is listed in the catalog is already the lowest possible price.

ポイント

値引きができない場合はあいまいにせず、Yes / No をはっきり伝えてから理由を説明します。

語彙

- in question 「問題の」→「お問い合わせの」
- lowest possible price 「可能な限りの最低価格」

その他の表現

「残念ながら、これ以上の値引きはできません」

I'm afraid that we can't offer you a further discount.

「申し訳ございませんが、これ以上値段を下げることはできません」

I'm sorry, but that's as low as we can go.

「ご注文いただいた商品は、割引対象ではございません」

I regret to inform you that the item you ordered cannot be discounted.

「他社製品と比較されますと、弊社製品がいかに低価格であることがお分かりいただけると思います」

If you compare our product with the competition, we believe you will find our price to be very competitive.

＊ competition 「競争相手、ライバル」
＊ competitive 「(価格が)他に負けない」
→「低価格」

「30％の値引きをすることは不可能です」

It is not possible for us to give you a 30% discount.

「申し訳ございませんが、ご要望の価格では採算がとれません」

I'm sorry, but our profit margin would be insufficient at the discounted price you requested.

＊ profit margin 「利益幅」
＊ insufficient 「足りない、不足して」

「現在の不況化では、20％の値引きは極めて困難です」

Under the current recession, a 20% discount would be very difficult for us to offer.

＊ current 「現在の」
＊ recession 「不況」

62. 新規取引の依頼のお断り

件名: 提携のご提案について

当社との提携に興味をお持ちいただき、ありがとうございました。しかし、残念ながら貴社のご提案をお受けすることはできません。ご提示いただいた利点については理解できますが、考えられる技術面とコスト面に付随するリスクは、当社が対処するには大き過ぎます。

将来別の機会にご協力できますことを、願っております。

Subject: Partnership Proposal

Thank you for your interest in partnering with us. Unfortunately, we will not be able to accept your offer. We understand the advantages you described, but the risks associated with possible technical and cost issues are too large for us to proceed.

I hope we will have an opportunity to work together in the future.

ポイント

先方の申し出に感謝し、理由を述べて丁寧に断ります。そして、将来のビジネスにつながるような言葉で締めくくります。

語彙

・partner with 〜	「(動詞)〜と提携する、組む」
・associated with 〜	「〜に付随する、関連する」
・possible	「(形容詞)考えられる」
・proceed	「開始する、進む」

その他の表現

「残念ながら、すでに他の取引先と契約を結んでおります」

We regret to inform you that we have already contracted with another business associate.

＊ business associate 　「取引先、仕事仲間」

「誠に残念ですが、ご提案をお断りさせていただきます」

We are sorry but we have to turn down your proposal.

「ご提案いただいた飲食業界には、今のところ興味がございません」

We are not interested in the restaurant business you proposed at the moment.

「少なくとも今のところは、資本提携を考えておりません」

For the time being, we are not considering forming capital alliances.

＊ for the time being 　「当分の間、今のところ」

＊ form 　「形作る、結成する、組織する」

＊ capital alliance 　「資本提携」

「将来御社のお力が必要になったときは、こちらからご連絡を差し上げます」

If we need your assistance in the future, we will certainly be in touch with you.

＊ in touch with 〜 　「〜と連絡を取って」

63.注文(引き合い)のお断り

件名:	GUSモデルのお問い合わせについて

大変申し訳ないのですが、お客様がリクエストされた商品は、製造中止となっており、ご注文をお受けすることができません。

当社の製品にご関心をお寄せいただき、誠にありがとうございました。

Subject:	Your Inquiry about GUS Model

We apologize that we cannot fill your order as the items you requested have been discontinued.

Thank you for your interest in our products.

ポイント

注文(引き合い)に応じられないことを理由とともに述べ、他の入手方法が分かる場合は、それをご案内します。最後に将来の取引の可能性を含ませて、締めくくります。

その他の表現

「当社では、皆様への直販はおこなっておりません」
We do not sell directly to consumers.

「供給に限りがあるため、新規引き合い、または注文には応じられません」
We are not accepting any new inquiries or orders due to supply constraints.

64.協賛依頼のお断り

> **件名:** 見本市への協賛のご依頼について
>
> ご依頼の見本市への協賛の件につきまして、社内で検討させていただきましたが、準備不足のため、出展を断念せざるを得ません。今回はお役に立てずに本当に残念です。

> **Subject:** Trade Show Sponsorship
>
> Regarding your request for being a sponsor of the trade show, I've been exploring the possibilities with my staff, but unfortunately, we have to give up our entry due to lack of preparation. We are very sorry that we could not be of greater assistance at this time.

ポイント

断りにくい内容ですが、なるべく早く返答します。協賛できずに残念であるという気持を込めます。

その他の表現

「弊社の製品を、多くの方々に知っていただく絶好のチャンスではありますが、残念ながら今回はお断りさせていただきます」

This would be a perfect occasion to let people know about our products, but unfortunately, we need to decline at this time.

「財務的に無理があり、残念ながら出品は断念せざるを得ません」

Due to financial considerations, unfortunately, we have to turn down the opportunity to offer our products.

65. 納期や支払い延期依頼のお断り

| 件名: | 請求書番号3648のお支払いについて |

請求書番号3648の支払い延期についてのご要望を、お受けすることはできません。予定通りに、お支払いの手続きをお願いいたします。

| Subject: | Payment for Invoice #3648 |

We are unable to accept your request to postpone the payment for invoice #3648. Please ensure that the invoice will be paid according to the original schedule.

その他の表現

「遅れずにお支払いいただけるものと思っております」

We expect that you will make the payment on time.

＊ make the payment 「支払いをおこなう」

「残念ながら納期を延期することはできかねます」

We regret to inform you that we are unable to extend the delivery date.

「7月2日までに取引先に納品しなければならないので、納期の延長はお受けできません」

As we need to supply our customer by July 2, we cannot accept any delay in delivery.

＊ supply 「提供する、調達する」→「納品する」

「もし何か深刻な事情があるのであれば、お知らせ下さい」

If there is a serious issue, please let us know. /

If there are any serious issues, please let us know.

66.返品、交換依頼のお断り

> **件名:** 商品番号FL‐277について
>
> 商品番号FL‐277に関するメールを、ありがとうございました。あいにくですが、返品のご要望にお応えすることはできません。お届けした商品に添付してある、保証と返品に関する規定をご確認下さい。商品に欠陥がない限り、返品や交換はお断りしていることを、ご理解いただけると思います。

> **Subject:** Your E-mail Regarding Product #FL-277
>
> Thank you for your e-mail regarding product #FL-277. Unfortunately, we cannot honor your request to return the product. Please refer to the warranty and cancellation policies which were included with your original shipment. Within those documents, you will find that all sales are final, unless a product is defective.

ポイント

まずは、連絡をもらったことに感謝をします。そして返品、交換ができない理由を丁寧に説明します。

語彙

・honor one's request 「～の要望に応える」
・warranty 「保証」

その他の表現

「ご購入の際のレシートがないと、返品には応じられません」

Returns must be accompanied by a sales receipt.

＊accompany 「添付する」

67.商品、サービスを発注する

件名:	商品番号123注文の件

以下の通り注文いたします。
商品番号：123
色：ベージュ
サイズ：S＝40、M＝60、L＝25
数量：125
合計金額：3,200USドル

Subject:	Order for Product #123

We would like to place the following order:
Item No.: 123
Color: Beige
Size: S=40, M=60, L=25
Quantity: 125
Total Price: US $3,200.00

ポイント

必要事項はできるだけ詳しく、特に数字は単位まで
しっかり書きます。

その他の表現

「これらが注文したい商品と数量です」

These are the items and quantities we would like to order.

「注文は以下の通りです。ご確認下さい」

This is to confirm our order as follows:

「商品番号B-334を、50個注文いたします」

We would like to order 50 units of Item #B-334.

68.商品、サービスを受注する

> **件名:** Ｒｅ：商品番号123注文の件
>
> ８月24日付けのご注文、ありがとうございました。ご注文品は、明日出荷予定です。商品がお手元に届くまで、２週間ほどかかります。この度は、お買い上げ誠にありがとうございました。

> **Subject:** Re：Order for Product #123
>
> Thank you very much for your order dated Aug. 24. Your order will be shipped tomorrow. It should take about 2 weeks to arrive. Thank you for shopping with us.

ポイント

メールの未着・紛失は、時折起こります。注文を受けたら、必ず確認メールを送ります。

その他の表現

「ご注文を確かに承りました」
We are pleased to accept your order.

「貴注文を下記の通り、確認いたします」
This is to confirm your order as follows：

「ご注文の詳細は、添付の請求書をご覧下さい」
The details of your orders are written in the invoices attached.

「弊社製品をいつもお買い上げいただき、ありがとうございます」
Thank you very much for regularly purchasing our products.

69.注文内容を変更、キャンセルする

> **件名:** 注文量の変更
>
> 5月19日付けで注文した商品ですが、個数を30ではなく40に変更して下さい。変更の手続きが完了しましたら、お知らせ下さい。

> **Subject:** Change in Quantity
>
> Could you change the quantity of our May 19 order from 30 to 40 units? Please notify us when this change has been successfully completed.

その他の表現

「2月13日137便の予約をキャンセルして、14日に変更したいのですが」

I'd like to cancel my reservation for Flight #137 on Feb.13 and book a ticket on Feb. 14 instead.

「7月7日の注文分で、色とデザインの両方に変更があります」

We need to change both the color and design of the item we ordered on July 7.

「注文したもののうち、未発送分をキャンセルして下さい」

Please cancel any unshipped products from our order.

「訂正後の請求書をお送り下さい」

Could you please send us a revised invoice?

「キャンセル料はかかるのでしょうか」

Is there any cancellation charge?

ビジネス英語ミニコラム3―年月日の表記

　日本語で年月日を表記する際、「2008年11月9日」のように「年→月→日」の順ですが、英語での表記は基本的に「November / Nov. 9, 2008」のように、「月→日→年」の順になり、月はスペルアウト（数字ではなくアルファベットで記すこと）します。

　年月日の省略形には、アメリカ式とイギリス式があります。例えば、上記の「November / Nov. 9, 2008」は、アメリカ式では11 / 9 / 08で、「月/日/年（下2桁）」ですが、イギリス式では9 / 11 / 08と、「日/月/年（下2桁）」になります。

　相手がアメリカ式、イギリス式いずれの表記を使用しているのかはっきりしない場合は、混乱を招くことがあります。上記の例でも、イギリス式の「2008年11月9日」である9 / 11 / 08は、アメリカ式では「2008年9月11日」になります。注意して下さい。

　また、「9 Nov. 2008」や「9-Nov.-2008」のような表記もあります。

＊その他
・会計年度　　　fiscal year
・上半期　　　　the first half of the fiscal year
・下半期　　　　the second half of the fiscal year
・第1 / 2 / 3 / 4四半期
　　　　　　　　the first / second / third / fourth quarter

70.資料、情報の請求

> **件名:** セミナー資料送付のお願い

弊社は東京に本社を置くビジネスコンサルティング会社です。御社のホームページを拝見し、そこに告知されておりますセミナーへの参加を検討しております。つきましては、詳しい資料をお送りいただけるとありがたく存じます。ぜひ、よろしくお願いいたします。

> **Subject:** Request for Seminar Material

We are a business consulting firm headquartered in Tokyo and we are contemplating participating in the seminar announced on your website. We would greatly appreciate it if you could send us more detailed material on this event. Thank you in advance for your help.

ポイント

初めての相手に資料や情報の請求をするときには、簡単な自己紹介と、相手をどうやって知ったのかを伝えます。

語彙

- headquartered in〜　「〜に本部を置く」
- contemplate　　　　「熟考する」
- detailed material　　「詳しい資料」

その他の表現

「ご送付いただける資料は、すべて送っていただけるとありがたく存じます」

We would appreciate any information you could send us.

71.商品、サービス内容の問い合わせ

> **件名:** 新製品カタログ
>
> 当社は、日本を代表する精密機械メーカーの1つで、私は営業部長をしております。今朝の新聞で、御社の新製品に関する記事を読み、非常に興味を持ちました。この新製品のカタログを、輸出向けの価格表と一緒にご送付いただけないでしょうか。よろしくお願いいたします。

> **Subject:** New Product Catalog Request
>
> I am the sales manager at one of the leading precision instrument manufacturers in Japan. I read a newspaper article about your new product this morning and I am very interested in your company. Would you please send us your new product catalog, along with your export price list? Thank you in advance.

ポイント

Thank you in advanceは、「前もってお礼を言っておきます」が直訳です。これは相手がその依頼に当然対応してくれるだろうという気持の表れですので、対応してくれるのかどうかわからないときは使えません。

語彙

・precision instrument 「精密機械」

その他の表現

「御社の宅配サービスに関して、詳細を教えて下さい」
Could you provide us with further information on your delivery service?

72. サービスや商品への苦情

> **件名:** フロントの対応について

私はオンラインで特別割引プランを予約して、8月13日から16日まで、貴ホテルに滞在いたしました。

チェックインの際、割引料金記載のメールを提示したにもかかわらず、正規料金を請求されました。フロントの方の対応は失礼で頑固であり、私はかなり不愉快な思いをしました。

このような状況を、どのように対処し改善するのかを早急にお聞かせ願います。

⬇

> **Subject:** Front Desk Staff Service Complaint

I recently stayed at your hotel from Aug. 13 to 16. I reserved a room online and took advantage of a special discount that was being offered.

Upon checking in, one of your receptionists insisted that I pay the regular rate even though I showed her my reservation e-mail confirmation with a discounted rate. She was rude and stubborn, and made me quite upset.

I would appreciate your looking into the situation, and letting me know your course of action.

ポイント

　商品、サービスへの苦情は、できるだけ詳しくその内容を伝えます。そしてそれに対してどのような対応を望んでいるのかを明確に伝えます。

語彙

・course of action 　「(何かを達成するための)手順」

その他の表現

「残念ながら御社のサービスに、不満を持っております
す」

I am afraid we are not happy with your service.

「御社の販売員に、不愉快な思いをさせられたことを
お伝えします」

I am writing to report that I had an unpleasant
experience with one of your sales staff.

「予約をしていたにもかかわらず、40分以上も待た
されました」

We had to wait more than 40 minutes even though
we had a reservation.

「修理か交換の方法を、至急ご連絡下さい」

Please let me know how I can get it repaired or
replaced immediately.

「この問題をすぐに解決していただけると、信じてお
ります」

I trust you will solve this problem right away.

「何らかの説明がない限り、もう貴レストランを利用
いたしません」

We will not visit your restaurant again unless we
hear from you some kind of explanation.

「慰謝料か返金を要求いたします」

I demand compensation or a full refund.

73. 納期や支払い遅延への苦情

> **件名**: 注文番号 J L - 1 9 6 3
>
> 注文番号 J L - 1 9 6 3 の商品納期から1週間が過ぎておりますが、何のご連絡もいただいておりません。今回の遅延で、弊社は多大な損害を被ることになります。大至急、出荷の状況をお知らせ下さい。

> **Subject**: Order #JL-1963
>
> The delivery of #JL-1963 is now a week late, but we haven't heard anything from you. This delay will cause us a great loss. Please let us know the status of the shipment immediately.

ポイント

　相手に、遅延の詳しい内容と現状の説明を求めます。そして、必要に応じて、遅延によってどのような状況になるか、あるいはなっているのかを知らせ、また損害賠償請求やキャンセルなどのこちらの対応を伝えます。

その他の表現

「10月3日に納入予定の商品が、10月10日現在、まだ届いておりません」

The product was supposed to have been delivered on Oct. 3, but we haven't received it as of Oct. 10.

「来週までに納入いただけないのであれば、注文をキャンセルせざるを得ません」

We may have to cancel the order if we cannot receive it by next week.

「すぐに納品されなければ、注文をキャンセルし、返

金を要求いたします」

　If we don't receive the delivery immediately, we'll cancel our order and seek a refund.

「今回の遅延による損害賠償を、請求せざるを得ないことをお知らせいたします」

　Please be advised that we will have to claim damages for the delay.

「至急入金して下さるよう、お願いいたします」

　Your prompt remittance will be appreciated.

「お支払いの滞納期間が30日を超えたため、残念ながらお客様へのサービスを停止させていただきます」

　We regret to inform you that we must suspend your service as your account is more than 30 days overdue.

「未払いが30日を超えた場合、月1％の利息を加算させていただきます」

　We charge 1% interest per month on accounts overdue by more than 30 days.

「法的手段に訴えなくても済むように、ご協力下さい」

　Please help us avoid taking legal action.

「回収手続きを回避すべく、ご協力下さい」

　Please help us avoid turning your account over for collection.

「すでにお支払いいただいている場合は、このお知らせを無視して下さい」

　If you have already made payment, please disregard this notice.

74.請求ミスの苦情

件名: 請求書番号2738

御社からの請求書番号2738の金額が、見積もりの金額と異なることをお知らせします。何らかの間違いだと思います。お調べいただき、正しい金額の請求書を再送願えますか。

Subject: Invoice #2738

Please be advised that your invoice #2738 does not match your original quotation. There must be some sort of error. Can you please look into this and resend us a corrected invoice?

ポイント

　ケアレスミスの場合もありますので、責める口調は避け、間違っている事実のみ伝えます。そして証拠として、送られてきた誤った請求書を見積書とともに添付します。

語彙

・look into～　　「～を詳しく調べる」

その他の表現

「合計金額は900USドルのはずです」
The amount should be US $900.

「御社のカタログでは450USドルとありますが、請求書には456USドル50セントとなっております」
Your catalogue has the price listed as US $450, but your invoice says US $456.50.

「値上げになったのでしょうか」
Have you raised the price?

75. 数量不足、品違いなど誤送の苦情

件名: 数量不足(注文番号398)

たった今、荷物を受け取りましたが、25個しかありません。私どもは35個注文しており、商品に同封されていた送り状にも、35個と記載されております。不足の10個を、いつ出荷して下さるのかお知らせいただけますか?

Subject: Deficiency in Quantity (Order #398)

We just received your shipment, but there are only 25 pieces. We ordered 35 and the shipping invoice you enclosed with the products says 35. Can you please advise how long it will take you to ship the remaining 10?

語彙
・deficiency 「不足、欠陥」

その他の表現

「残念ながら、注文したものと違うものが届きました」
I am afraid the products we received from you were not what we had ordered.

「御社から注文した覚えのない荷物が届きました」
We received a package from you which was not ordered.

「誤送品をどうしたらよいか、至急ご連絡下さい」
Please inform us what to do with the incorrectly shipped items immediately.

「間違いなく、不足分を本日出荷して下さい」
Please make sure to ship the rest of the order today.

76.破損、不良品の苦情

件名: 破損品(注文書番号192)

御社から受け取ったうちの2箱が傷んでいたことをお知らせいたします。そして、中のいくつかの商品が破損していました。破損状況をお伝えするために、写真を添付します。破損状態を考慮すると、全注文品の交換を早急にお願いせざるを得ません。

Subject: Broken Items (PO #192)

Please note that two of the packages that we received from you were damaged. In addition, some of the items inside were broken. We are attaching photos which show the actual damage. Given the damage, we would request an immediate replacement of the entire order.

その他の表現

「本日商品を受け取りましたが、不良品でした」
We received the product today, but it was defective.

「添付写真は、破損状態を示す証拠です」
The attached photos are evidence of the damaged condition.

「欠陥商品をどうすればよいのか、お知らせ下さい」
Please let us know what to do with the defective merchandise.

「破損を避けるため次回はきちんと梱包して下さい」
Please make sure to pack the item properly to prevent damage next time.

ビジネス英語ミニコラム4—標準時の表記

　国や地域によって標準時が異なります。グローバルなビジネスをおこなう場合、標準時の表記が必要になってくる場合があります。以下、主な標準時の一覧です。

- 日本標準時　　　　JST（Japan Standard Time）
- （米国）太平洋標準時
　　　　　　　　　　PST（Pacific Standard Time）
- （米国）中西部標準時
　　　　　　　　　　CST（Central Standard Time）
- （米国）山岳部標準時
　　　　　　　　　　MST（Mountain Standard Time）
- （米国）東部標準時
　　　　　　　　　　EST（Eastern Standard Time）
- グリニッジ標準時
　　　　　　　　　　GMT（Greenwich Mean Time）

＊その他
- 現地時間　　　　　　　　　local time
- こちらの午後9時　　　　　9:00 pm, our time
- そちらの午前7時　　　　　7:00 am, your time
- 時差　　　　　　　　　　　time difference
- 夏時間　　　　　　　DST
　　　　　　　　　　　＊アメリカ（Daylight Saving Time）
　　　　　　　　　　　BST
　　　　　　　　　　　＊イギリス（British Summer Time）

77.欠陥品、誤送品ではないと反論する

商品番号374に関するメールをいただき、ありがとうございました。お客様のメールにてお知らせいただいた症状によると、それは誤作動ではなく、パイプの詰まりが原因で発生するトラブルではないかと思われます。詰まりを除去してから、もう一度電源をお入れ下さい。機械は正常に作動し、お取替は必要ないと確信しております。パイプの詰まりに関する詳しい情報は、マニュアルの16ページをご覧下さい。

これで、問題が解決できることを願います。もし何か他にご質問がありましたら、遠慮なくご連絡下さい。

Subject: Re：Defective Item (Product #374)

Thank you for your e-mail regarding product #374. Based on your description, we believe the problem was not caused due to a malfunction. We suspect it is caused by a clogged pipe. Please clean the pipe first, and then turn on the power. We are confident that the product will then operate correctly and no replacement will be necessary. Please refer to page 16 of your operating manual for more information on clogged pipes.

We hope this will resolve your problem, but if you have any further questions, please feel free to contact us.

ポイント

　まずは連絡をもらったことに謝意を表します。そして、間違いなく欠陥品や誤送ではないのであれば、丁

寧に説明します。

語彙

- malfunction 「誤作動、故障、機能不全」
- clogged 「(管などが)詰まった」
- refer to〜 「〜を参照する」

その他の表現

「伺ったところ、商品は正常に作動していると思われます」

Based on your explanation, we believe the product is working properly.

「納品時にすでに破損していたことを示す写真などの資料を、お送りいただけないでしょうか」

Would you be able to provide us with photos or other materials that show the product was damaged upon arrival?

＊ upon arrival 「到着時に、到着すると」

「3月9日付の注文書(番号263)を添付いたしますが、茶色ではなく、こげ茶色と記載されております」

I'm attaching your PO #263 dated March 9, which says "dark brown" instead of "brown".

「商品は不良品ではございません。もともと左右対称にはデザインされておりません」

The product is not defective. It is designed to be asymmetric.

＊ asymmetric 「非対称の、左右が均等でない」

78. 納期、支払い遅延の催促

件名: 催促：お支払いについて(請求書番号6841)

これは、請求書番号6841の5,000 USドルが未納であることをお知らせするものです。6月15日現在、お支払いいただいておりません。

もし行き違いで、すでにお支払いいただいておりましたら、申し訳ございませんが、本メールはご放念下さい。

Subject: Reminder： Payment (Invoice #6841)

This is just to remind you that the payment of US $5,000 for invoice #6841 is overdue. As of June 15, we have not yet received your payment.

If payment has already been made and it has crossed in the mail, please disregard this e-mail.

ポイント

　支払いや納期の遅延催促をする場合、最初から強い口調は避けて、Reminder「催促、注意(喚起)、確認」を送ります。そこで処理がない場合、次に、Second Reminderを送ります。それでも支払いや納品がなければ、Final Reminder / Notice を送ります。そして最終的には、Final Demand「最終請求」となり、最も強い口調の催促になります。

語彙

・cross in the mail 　　「メールが行き違いになる」
・disregard 　　　　　「無視する、軽視する」

その他の表現

「支払い期日が過ぎていることのお知らせです」

This is a friendly reminder that your payment is overdue.

「残念ながら支払い期日9月1日のお支払いをまだ受け取っておりません」

We regret to inform you that we haven't received the payment that was due on Sept. 1.

「至急送金願います」

We must ask you to remit the payment at once.

「4月16日に支払い期限超過のメールを送付しましたが、まだお支払いいただいておりません」

We sent you an e-mail about the overdue payment on April 16, but we haven't received the payment yet.

「これは、100万円の未払いに関するお支払いをお願いする最後の通知です」

This is our final reminder for your payment of the overdue balance of 1 million yen on your account.

「これは納期が6日間過ぎていることのお知らせです」

This is just a reminder that it is 6 days past the date of delivery.

「すぐに出荷をお願いいたします」

We look forward to your prompt shipment.

「もしすでに出荷をされている場合は、本連絡は無視して下さい」

Please ignore this reminder if you have already shipped the product.

79.報告書提出の催促

件名:	経過報告書未提出の件

これは、12月3日現在、貴殿の経過報告書の提出がないことをお知らせするものです。遅延の理由をお知らせいただけますか。お力になれるかもしれません。

Subject:	Reminder : Submission of Progress Report

I am writing to let you know that as of Dec. 3, I haven't received your progress report yet. Please let me know the reason for the delay. I would be happy to be of assistance.

ポイント

納期や支払い遅延の催促と同じように、相手から反応がない場合は、いくつかの段階を経て対処します。158ページを参照して下さい。

語彙

・progress report 「経過報告(書)、中間報告(書)」
・be of assistance 「役に立つ」

その他の表現

「月例報告書の提出期限は、今週の金曜日です」
This is just a reminder that the deadline for submission of the monthly report is this Friday.
 ＊submission 「提出」

「報告書の締切りは、本日営業終了時間までですので、お忘れにならないようお願いします」
Don't forget that your report is due by the close of business today.

80.返事の催促

> **件名:** メールを受け取っていらっしゃいますか

しばらくご連絡をいただいておりませんが、先週お送りした2通のメールをご覧になっていないのではないかと心配しております。もし、受け取っていらっしゃったらご連絡いただけますでしょうか。

> **Subject:** Have you received my e-mails?

I haven't heard from you in a while, and was worried that you had not seen the two messages sent last week. Can you please let me know if you received them?

ポイント

返事を忘れているのではなく、何らかの理由でメールを読んでいない可能性もあります。責める口調を避け、あくまでも確認するという意図で状況を説明し、相手の対応を促します。

その他の表現

「先週貴殿にメールをお送りしています。メッセージを受け取ったかどうかご確認下さい」

I e-mailed you last week. Could you please confirm that you received it?

「いつご回答をいただけますでしょうか」

Could you tell me when we can expect your answer?

「催促して申し訳ないのですが、7月6日送付のメールのお返事をまだいただいておりません」

I am sorry to push you, but I haven't received a response to my e-mail sent on July 6.

81.商品やサービスへの苦情に対する謝罪

件名:	お詫び

私どものサービスに関して、率直なご意見をありがとうございました。私どものサービスが到らなかったために、お客様には大変不愉快な思いをさせてしまい、誠に申し訳ございませんでした。

私どもへの信頼を回復していただけますよう、次回当店をご利用の際には、50％の割引をさせていただきます。今後、このようなことが二度と起こらないよう、サービスを向上させることをお約束いたします

Subject:	Our Sincere Apologies

Thank you for your frank feedback about our service. We are sorry to hear that you were disappointed in our performance.

We would like to offer you 50% off the cost of your next purchase, in the hope of regaining your confidence. We assure you that we will raise our level of service to prevent this situation from ever happening again.

ポイント

I am sorry という表現は、欧米では特に慎重に使われます。自身の責任を問われる可能性があるからです。しかし、明らかに自分の落ち度である場合は、まず謝罪です。そして、どのような処理をするのか、あるいはしたのか、最後に今後の対応を述べて締めくくります。

語彙

・in the hope of 〜　　「〜することを願って」

その他の表現

「カタログに記載されている内容と、実際の商品が違うというご指摘を多くのお客様からいただき、申し訳なく思っております」

We regret that many customers have complained that the product description mentioned in the catalog is incorrect.

「ご意見をありがとうございました。いただいたご意見は、サービス向上のために活用させていだきます」

Thank you for your informative observations. They will be very useful in helping us improve our services.

「今後は、お客様には礼を尽くしたサービスをご提供することを、お約束いたします」

We promise to always treat our guests with the utmost courtesy.

＊with the utmost courtesy　　「礼を尽くして」

「お詫びのしるしとして、ギフト券を同封させていただきましたので、ぜひお受け取り下さい」

Please accept the enclosed gift certificate as a show of our goodwill.

＊show of one's goodwill　　「お詫びのしるしに」

「このような問題の再発防止に真剣に取り組みます」

We will make efforts to prevent similar incidents from occurring in the future.

82. 納期、支払い遅延の謝罪

件名: 納期の遅延のお詫び

納期が遅れましたことを、心からお詫び申し上げます。間違いなく1週間以内に、ご注文の商品を発送することをお約束いたします。このようなことが二度と起こらないように、最善の努力をいたします。

Subject: Apology for Delivery Delay

We would like to offer our sincerest apologies for the delay in delivering your order. We can now confirm that we will ship your order within the week. Please be assured that we will do everything possible to ensure this kind of delay doesn't happen again.

その他の表現

「今回の遅延をお詫び申し上げます」

We are very sorry for the delay.

「期日に間に合わず、大変申し訳ございません」

Please accept our deepest apologies for not being able to make the deadline.

「ロイヤリティーのお支払いが遅れ、ご迷惑をおかけしておりますことをお詫びいたします」

We apologize for the confusion caused by our delay in paying the royalty.

「至急記録を調べ、いつ商品をお届けできるのかお知らせいたします」

We will check our records immediately and let you know when you can receive your purchase.

83.請求ミスの謝罪

> **件名:** Re: 請求書番号93462
>
> 請求書の間違いをご指摘いただき、ありがとうございます。大変申し訳ございませんでした。請求書をすぐに再発行いたしますので、今お持ちのものは破棄して下さい。

> **Subject:** Re: Invoice #93462
>
> Thank you for bringing this billing error to our attention. We sincerely apologize for the mistake. We will be reissuing invoice #93462 shortly, and would ask you to discard the copy you have now.

語彙

・bring〜to someone's attention 「〜を気づかせる」
・billing error 「請求書の間違い」

その他の表現

「計算上のミスがあるようです」
There seems to be an error in the calculation.

「間違いをすぐ訂正いたします」
The error will be corrected immediately.

「ただちにミスの原因を調査して、訂正した請求書をお送りいたします」
We will look into the cause of this error and send you a corrected invoice immediately.

「お客様への請求書の金額を訂正いたしました」
We have adjusted your account to reflect the correct amount.

  ＊reflect 「反映する」

84. 破損、不良品に対する謝罪

件名: お詫び(注文番号225)

昨日納品した商品が不良品であったことを、お知らせいただきました。私どもの検品処理の不徹底で、出荷前に気が付かずに申し訳ございませんでした。早急に商品を交換させていただくか、あるいは返品と返金処理を承っております。ご希望をお聞かせ下さい。

Subject: Apology (PO #225)

Thank you for your e-mail advising us that the delivered item was defective. We apologize that our inspection process was not thorough enough to catch this in advance. We can either ship a replacement product immediately or refund your purchase price. Which option would you prefer?

ポイント

refundは「返金、払い戻し」という意味ですが、お店などに **NO REFUND** というサインがあると、それは「返品お断り、払い戻しなし」という意味になります。サンプルメールでも、refundの一語で、「返品と返金処理」を表しています。ちなみに **EXCHANGE ONLY** で、「他の商品との交換のみ」という意味になります。

語彙

- defective 「欠陥のある」
- inspection process 「検査工程」
- thorough 「徹底的な」
- in advance 「前もって、あらかじめ」

その他の表現

「運送会社による商品の破損であることが分かりました」

We have determined that the shipping company was responsible for the damage done to your products.

＊ determine 「(原因などを)究明する」

「御社の商品は、配送中に損傷してしまいました」

Your items were broken in transit.

＊ in transit 「配送中」

「至急、代替品をご送付いたします」

We will send you a replacement immediately.

「当方が無料で修理をさせていただきますので、商品を返送していただけますでしょうか」

Please return the item and we will repair it free of charge.

＊ free of charge 「無料で」

「もちろん、私どもの費用負担で修理をさせていただきます」

We would be happy to repair the item at our expense.

＊ at one's expense 「〜の費用負担で、自費で」

「補償に関しまして、弊社お客様係よりご連絡差し上げます」

Our customer service department will contact you regarding compensation.

＊ compensation 「補償、代償」

85. 数量不足、品違いなど誤送の謝罪

件名: 注文書番号487について

この度はコンピューターシステムの問題で、間違ったパッケージを出荷してしまい、誠に申し訳ございませんでした。ご注文の商品を発送する手続きを取りましたので、まもなくそちらに届くと思います。

Subject: PO #487

We apologize that we shipped the wrong package due to an error in our computer system. We have arranged to ship you the correct products, which should arrive shortly.

その他の表現

「誤送品については、運送会社に集荷の手続きをいたしました」

We've arranged for a shipping company to pick up our incorrect delivery.

「誤送品を着払いで弊社までご返送下さい」

Please ship the mistaken order back using COD.

＊ COD = Collect On Delivery 「着払い」

「お受け取りになった荷物は、ご返品いただく必要はございません」

You don't need to return what you received.

「お受け取りになられた商品は、お使いいただいても破棄していただいてもかまいません」

You are welcome to keep the products if you like or discard them otherwise.

＊ otherwise 「そうでなければ」

86. 品切れの謝罪

件名: 商品番号D-123品切れです

残念ながら、ご注文いただきました商品は、現在品切れとなっております。入荷次第ご連絡差し上げますので、もうしばらくお待ち下さい。

Subject: Item #D-123 Out of Stock

We regret to inform you that the product you ordered is currently out of stock. We will notify you as soon as we receive a new shipment. Thank you for your patience.

その他の表現

「お客様のご注文になった製品は、一時的に品切れとなっております」

The item you ordered is temporarily out of stock.

「来月まで、入荷の予定がございません」

We won't get another shipment until next month.

「その商品は、現在入荷待ちです」

The items are on back order.

「残念ながら、今後入荷の予定はございません」

We are very sorry, but the item you ordered is no longer available.

＊ no longer ～ 「もはや～ではない」

「リクエストのあった商品は、完売しました」

The item you requested is now sold out.

「入荷次第、すぐに発送いたします」

We will ship your goods as soon as they become available.

87.従業員の不手際に対する謝罪

件名: お詫び

弊社従業員が、お客様に非常に不愉快な思いをさせてしまったことを、心よりお詫び申し上げます。ご指摘をいただいた従業員には、厳しく注意をいたしました。弊社の接客技術教育を、改善する必要があることを実感いたしましたので、第一に、現在従事しているすべての従業員を徹底的に再教育いたします。

早急に、お客様の信頼を回復できますよう、最善を尽くす所存です。

Subject: Apology

I am very sorry that you had an unpleasant experience with one of our staff members. I have severely reprimanded the individual mentioned in your complaint. It appears that our customer service training definitely needs improving. As a first step, all current representatives will be thoroughly retrained.

I hope we'll have an opportunity in the near future to restore your confidence in us.

語彙

・reprimand	「叱責する」
・individual	「特定の人」
・thoroughly	「徹底的に」
・representative	「担当者、代表者、販売員」
・restore	「回復させる、取り戻す」
・confidence in〜	「〜に対する信頼」

その他の表現

「当店の販売員の応対に問題があったことを、お詫びいたします」

Please accept our apology for the recent problems you had with one of the sales representatives at our store.

「弊社の従業員のいくつかの問題についてお知らせいただき、誠にありがとうございました」

We greatly appreciate you informing us of these staff problems.

「次回、お客様が当店にお見えになる際に、支配人から直接お詫びを申し上げます」

Our chief management officer will personally apologize to you on your next visit.

＊ chief management officer 「支配人」

＊ personally 「直接に、自ら」

「万が一、またこのようなことが起こりましたら、私まで直接お知らせ下さい」

If you should encounter a similar incident in the future, please contact me directly.

＊ encounter 「(問題などに)遭遇する」

＊ incident 「出来事、事件」

「お客様の信頼を回復できますよう、最善を尽くします」

We will do our best to restore your good feelings.

＊ good feeling 「好感、友好関係」→「信頼」

88. 自分の不手際の謝罪

件名: お詫び

この度は、私の対応に不手際があったため、お客様にご不便とご迷惑をお掛けし、大変申し訳ございませんでした。ご不満の件に対しては、早急に対応し改善に努めます。

Subject: My Sincere Apologies

Please accept my deepest apologies for the inconvenience and frustration caused by my error. I can assure you that I will address the situation raised by your complaint and work to correct the situation.

語彙

- assure 「約束する」
- address the situation 「状況に取り組む」
- correct the situation 「状況を是正する」

その他の表現

「お時間を割き、問題点をご指摘して下さったことに感謝いたします」

I appreciate you taking the time to write us about your unpleasant experience.

「残念ながら何らかの誤解があったようです」

I'm afraid there has been some kind of misunderstanding.

「私の不手際については弁解の余地はございません」

I have no excuse for my mishandling of the situation.

＊mishandling 「不手際、取扱ミス」

89. 会合などへの欠席の謝罪

> **件名:** 出席できません
>
> とても残念なのですが、どうしても欠席できない会合と日が重なってしまったので、あなたのパーティに参加できません。またの機会を楽しみにしています。

> **Subject:** Unable to Attend
>
> I regret to say the date of your party coincides with another important event which I cannot miss, so I won't be able to attend. I look forward to another chance to get together with you.

語彙

・coincide with〜　「〜と同時に起こる」

その他の表現

「個人的な理由で、残念ながら明日のパーティには出席できません」

I apologize but I cannot attend the party tomorrow due to personal reasons.

＊ personal reasons「個人的な理由、一身上の都合」

「残念ながら体調不良です。夕食にご一緒できなくてすいません」

Unfortunately, I'm not feeling well. Please forgive me for not joining you for dinner tonight.

「本当に楽しみにしていたのですが、出席することができません」

I was really looking forward to going, but unfortunately, I can't make it.

90.求人募集への応募

> **件名:** ファッションコンサルタントへの応募

御社のホームページに掲載された、ファッションコンサルタントの求人に、応募したいと思います。私はアパレル業界で豊富な経験がありますので、十分資格があると確信しております。

履歴書を添付いたしますので、ご査収のほどよろしくお願い申し上げます。ご連絡を心からお待ちしております。

> **Subject:** Application for Fashion Consultant

I would like to apply for the position of Fashion Consultant as posted on your website. I believe that I am well qualified for the position as I have substantial experience in the apparel industry.

I would be grateful if you would review my attached resume. I look forward to hearing from you soon.

ポイント

何によって求人を知ったのかを述べ、自分がなぜその職種にふさわしいのかという理由、そして熱意をアピールします。

その他の表現

「自分の資格と経験を活かせればと思っております」

I would like to make full use of my credentials and experience at your company.

＊ credentials 「資格」

91.求人募集の受付

件名: ご応募ありがとうございます

この度は、弊社ソフト開発スタッフ募集にご応募いただき
ありがとうございます。現在、応募者の方々の書類選考を
おこなっております。選考に通過された方へは、10月15
日の週に、面接のご連絡を差し上げる予定です。今しばら
くお待ち下さい。

Subject: Your Application

Thank you for responding to our advertisement looking for
a position in Software Development. We are currently
reviewing all applications. During the week of Oct.15, we
plan to notify those who have been selected for an
interview. Thank you for your patience.

ポイント

　応募を受け付けたことを、感謝の意とともにまずお
知らせします。そして次のステップを具体的に伝えます。

その他の表現

「弊社へご興味をお持ちいただき、ありがとうござい
ました」

　We appreciate your interest in our company.

「面接をおこなう場合、1週間以内にまたご連絡差し
上げます」

　We will contact you again within a week, should we
wish to proceed with an interview.

　　＊ should we wish ＝ if we should wish

　　＊ proceed with〜　　「〜に進む、移る」

92. 採用試験の通知

| 件名: | 面接のお知らせ |

ご応募をいただいておりました、弊社の会計職の求人にお
きまして、貴殿は面接選考対象者に選ばれました。つきま
しては、8月3日午前11時に、面接にお越しいただけない
でしょうか。

| Subject: | Job Interview |

We are pleased to inform you that you have been selected
as one of the applicants to be interviewed for the
Accountant position. Would it be possible for you to come
in for an interview at 11:00 am on August 3?

その他の表現

「面接は本社でおこなわれます / 面接を本社でおこな
います」

Interviews will be conducted at our head office. /

We will be scheduling interviews at our
headquarters.

＊ schedule 「(動詞)予定を決める」

「面接の日程を決めたいので、お電話を下さい」

Please call me to schedule an interview.

「今後数週間以内で、面接にお越しになれる日程をお
知らせ下さい」

Please let us know when you will be available in the
coming weeks for an interview.

＊ in the coming weeks 「今後数週間以内に」

93.採用内定、採用決定の通知

件名: 採用決定通知

先週の火曜日の面接により、秘書としてあなたを採用することが決定いたしましたので、ご連絡申し上げます。つきましては、近日中に必要書類を郵送いたしますので、内容ご記入の上ご返送下さい。ご一緒に仕事ができるのを、楽しみにしています。

Subject: Job Offer

Based on your impressive interview last Tuesday, we have decided to offer you the secretarial position. We will mail you the necessary paperwork shortly, which you should fill out and return to us. We look forward to working with you.

ポイント

　一般的に、日本語の「メール、メールを送る」はe-mailで、英語のmailは「郵便物、郵送する」です。mailをe-mailと勘違いしないように注意して下さい。

その他の表現

「採用試験合格、おめでとうございます！」

Congratulations on passing the employment exam!

「採用を内定いたしました」

We have decided to give you an informal job offer.

＊ informal job offer 「内定」

「貴殿と一緒にお仕事ができるのを、嬉しく思います」

We are delighted to have you come on board with us.

＊ on board 「仲間になって」

94.不採用の通知

件名:	貴殿のご応募について

弊社にご興味をいただき、ありがとうございます。残念ながら、ご応募いただいた職種はすでに定員に達してしまいました。貴殿の履歴書はお預かりして、将来状況が変われば、ご連絡いたします。貴殿の就職活動の成功を心よりお祈りしています。

Subject:	Your Job Application

Thank you for your interest in our company, but I regret to inform you that the position you applied for has been filled. We would like to keep your résumé on file and if an appropriate position opens up in the future, we will contact you. We wish you every success in your job search.

ポイント

まず応募への感謝の意を表します。そして、できれば不採用の客観的な理由と、応募書類をどうするのかを述べ、最後に相手に対する激励の一言で締めくくります。

その他の表現

「残念ながら、この度は貴殿を採用することができません」

Unfortunately, we cannot offer you a job at this time.

「残念ながら今のところ、貴殿の資格と経験に合う職に空きがございません」

I'm afraid that we have no position that matches your skills and experience.

95. 人材照会／紹介依頼のメール

件名：	照会：リサ・ワンさん

リサ・ワンさんが弊社の中国語通訳に応募しており、貴殿のお名前を照会先としていただきました。お時間のあるときに、彼女に関していくつか質問させていただけないでしょうか。

Subject：	Reference： Lisa Wang

Lisa Wang has applied for a position with our company as a Chinese interpreter and she has submitted your name as a reference. We would like to ask you a few questions about her, when you are available.

その他の表現

「彼女の仕事ぶりはいかがでしたか」

How was her job performance?

件名：	マーケティング・スペシャリスト求む

アパレル業界に精通している、優秀なマーケティング・スペシャリストを探しています。

Subject：	Marketing Specialist Position Available

We are looking for a highly competent marketing specialist who has extensive knowledge of the apparel business.

その他の表現

「海外経験のある受付係をご存じないでしょうか」

Do you know of any receptionists who have experience working abroad?

96.講演会、セミナーへの勧誘

| 件名： | キャリアマネージメントセミナー開催のお知らせ |

キャリアマネージメントセミナーを、下記の通り開催いたします。参加ご希望の方は、月曜日の朝までにキャロリンへお申し込み下さい。

| Subject: | Career Management Seminar |

This is to inform you that there will be a career management seminar as follows. For those who would like to participate, please sign up with Carolyn by Monday morning.

その他の表現

「お時間がございましたら、弊社のセミナーにどうぞご参加下さい」

Please attend our seminar if your schedule permits.

「万障お繰り合わせの上、ご参加下さい」

We hope you can work this into your schedule.

＊work … into ～「…を～にうまく組み入れる」

「準備の都合がございますので、ご出席の可否を6月20日までにお知らせ下さい」

To help us plan better, please let us know by June 20 whether you will be joining us.

「講演会出席の可否につきましては、9月1日までにご返答よろしくお願いいたします」

Please confirm whether you will be attending the lecture by Sept. 1.

97.パーティへの招待

件名:	忘年会へのご招待【12月19日(金)】

今年の忘年会は、ABCホテルのイタリアンレストラン・ペンネにて12月19日(金)に予定されています。

詳細は、時期が近づいてからまたお知らせしますが、皆さんスケジュールブックにご記入をお忘れなく！

Subject:	Invitation to Year-End Party【Dec.19 (Fri)】

I'm pleased to announce that our year-end party will be held at the Italian Restaurant PENNE in the ABC Hotel on Friday Dec. 19.

Further information will be sent out closer to the time of the party. In the meantime, please mark the date on your calendar!

ポイント

服装に決まりがあるパーティの場合は、ドレスコードも忘れずに記載します。

その他の表現

「服装はカジュアルでOKです」

Dress will be casual.

＊dress 　「服装、衣服」

「ドレスコードはありませんが、ぜひおしゃれをしてお出掛け下さい」

There is no dress code, but we expect the participants to dress smart.

＊smart 　「おしゃれな、洗練された」

98. 会社説明会のご案内

件名： 会社説明会のご案内

下記の通り、会社説明会を実施いたします。当日は、会社概要、仕事内容をご説明いたします。また、さまざまな部署の社員との、質疑応答セッションもございます。

参加をご希望の方は、下記のお申し込み用紙にご記入の上、郵送かファックスでお申し込み下さい。www.zdgf.com にて、オンラインからもご登録できます。皆様のご参加をお待ちしております。

Subject： Company Information Session

We are planning to hold a company information session, the details of which are stated below. During this session, we will present our company profile and provide detailed descriptions of the jobs that are currently available. We will also have a Q & A session in which you can ask questions of employees from various departments.

To apply for this session, please fill out the application form below and mail or fax it back to us. You can also register online at www.zdgf.com. We are looking forward to seeing you at our information session.

その他の表現

「参加ご希望の方は、お電話かメールでご予約下さい」
Those who wish to attend are asked to call or e-mail to make a reservation.

＊ those who 〜　　「〜する人々」

99.歓迎会のご案内

件名:	新入社員歓迎会のご案内！

下記の通り、新入社員の歓迎会を開くことになりました。
月曜日までに、出欠のお返事をお願いします。歓迎の意を
表すため、できるだけ全員ご出席下さい。

Subject:	Welcome Party for New Staff Members!

We are going to hold a party for our new staff as follows.
Please RSVP by Monday. We encourage all of you to attend
and join us in welcoming the new members to our company.

語彙

- staff 「職員、社員」(集合名詞)
- RSVP = répondez s'il vous plaît (フランス語)
   = please reply「お返事下さい」

その他の表現

「ポールさんの歓迎会を催します」
 We are going to throw a welcome party for Paul.
   ＊ throw a party 「パーティを催す」

「新メンバーとの親睦を深めるため、歓迎会をおこな
います」
 In order to get acquainted with our new members,
 we will be holding a welcome party.
   ＊ get acquainted with 〜 「〜と親しくなる」

「お互いをよく知り合う、良い機会になると思います」
 This will be an excellent opportunity to get to know
 each other.

100.送別会のご案内

件名: 矢野恵美さん送別会のご案内

皆さんおそらくご存知だとは思いますが、この度、矢野恵美さんが、大阪支社へ転任されることになりました。つきましては、これまでの彼女の貢献に対する感謝の気持ちと、新しい門出をお祝いして、送別会を開きます。詳細は以下の通りです。

Subject: Farewell Party for Emi Yano

As you probably know, Emi Yano will be transferring to our Osaka Branch. We will be throwing a farewell party to express our gratitude for her great service during her time here and wish her well in her new posting. The details of the party are as follows :

その他の表現

「カジュアルなお別れ会を開きます」

We are throwing a casual going-away party.

「大々的なお別れ会を計画しています」

We are planning on having a big sendoff party.

「彼女の新しい門出を、ご一緒にお祝いしましょう！」

Let's celebrate the new stage of her career!

「彼の会社への貴重な貢献に感謝をするとともに、今後のますますのご活躍を、ご一緒にお祈りしたいと思います」

Please join me in wishing his every success in the future and in thanking him for his valuable contribution to our company.

101. ビジネスランチ、ディナーへのお誘い

件名: スペインディナーのお誘い

明日の夜、私の部のメンバーでディナーなのですが、ご一緒にいかがでしょうか。スペイン料理レストラン・バルを、午後7時から予約しています。会費は1人あたり6,000円程度です。ぜひ、ご一緒できればと思っています！

Subject: Spanish Dinner Invitation

Would you be interested in having dinner with my staff tomorrow night? We've made a 7:00 pm reservation at the Spanish restaurant BAR. The cost will be approximately 6,000 yen per person. Hope you can join us!

その他の表現

「今週の金曜日、ランチ / ディナーをご一緒できますでしょうか」

I was wondering if you would like to go out for lunch / dinner this Friday.

「来週あたり会いませんか」

Would you like to get together sometime next week?

＊ get together 「集まる、会う」

「仕事の後に一杯飲みに行きませんか」

How about going for a drink after work?

＊ go for a drink 「飲みに行く」

「おいでいただけると嬉しいです！」

I hope you can make it!

＊ make it 「何とか出席する、都合をつける」

102.営業報告

件名: 2009年度営業報告概要

思い切った経営の合理化の結果、この厳しい経済情勢にもかかわらず、2009年度、当社は非常に大幅な増収増益を達成いたしました。

以下、営業の概況です。
・稼働率　74％
・売上高　480億円（23％増）
・営業利益　75億円（36％増）
・経常利益　69億円（31％増）
・純利益　28億円（52％増）

＊詳細は、添付書類をご覧下さい。

Subject: 2009 Sales Report Summary

Despite the severe economic climate, we achieved robust growth in revenues during the 2009 period due to a dramatic streamlining of our business operations.

Sales Overview：
・Operation Rate 74%
・Total Sales 48 billion yen (23% ↑)
・Operating Profit 7.5 billion yen (36% ↑)
・Ordinary Profit 6.9 billion yen (31% ↑)
・Net Profit 2.8 billion yen (52% ↑)

Please see the attached document for further details.

語彙

・economic climate	「経済情勢、経営環境」
・robust	「堅調な」
・revenues	「収益、総収入」
・streamlining	「合理化、簡素化」
・overview	「概観、概況、要約」

その他の表現

「この報告書は、当社の総売上に対する最新の分析結果です」

This report provides the latest analysis of our total sales.

＊ total sales 「総売上」

「経費節減を、強力に推し進める必要があります」

We need to aggressively push forward with cost reductions.

＊ aggressively 「積極的に、しっかりと」

＊ push forward with 〜 「〜を推進する」

＊ cost reductions 「経費節減」

「レポートをご検討の上、訂正が必要な数字や項目があればお知らせ下さい」

Please review the report and let me know if there are any figures or points that need revision.

＊ revision 「訂正、改訂」

「この報告書でよろしければ、他の全部門へ転送いたします」

If you approve this report, I will then forward it to the rest of the department.

103. ミーティング内容の報告

件名:	取締役会議の議事録

8月3日の取締役会議で、アジア市場からの撤退が決定されました。会議の議事録を添付いたします。何か追加する点や変更すべき点などがございましたら、ご連絡下さい。

Subject:	Minutes of the Board Meeting

The decision to withdraw from the Asian market was made at the board meeting held on August 3. Attached are the minutes from that meeting. If there is anything you would like to add or change, please let me know.

ポイント

通常、会議の後、その内容をメールで簡単に述べ、参加者名を明記した詳細議事録を、添付書類で関係者に配信します。

語彙
・minutes 「議事録」
・withdraw from 〜 「〜から撤退する」

その他の表現
「共通の理解を持っているかどうかの確認のため、本日の会議の要約を、添付いたします」
I'm attaching a summary of today's meeting in order to make sure we are on the same page.
　＊ on the same page 「共通の理解を持つ」

「重要ポイントを、以下に要約しました」
I've summarized the major points below.
　＊ summarize 「要約する」

104.出張報告

件名:	米国出張概要(PPOシステムズ)

以下の通り、米国出張の報告をいたします。

期間：　　2009年2月10日～18日
出張先：　米国PPOシステムズ株式会社
目的：　　新製品の紹介と技術的説明
結果：　　価格が高いために採用は困難とのこと
対策：　　製造コストの削減と販売価格の再検討

Subject:	Visit Report-PPO Systems, US

Here is a summary of our recent business trip to the US：

Period：Feb. 10-18, 2009
Destination：PPO Systems Co. US
Purpose：New product introduction and technical
explanation
Result：Not successful due to the high price
Action：Reducing production costs and selling price should
be reexamined

その他の表現

「価格で折り合いがつけば、受注できそうです」
If we reach an agreement on the price, I believe we
can get this account.

＊account　　「取引、顧客、得意先」

「先方とはまだ交渉中です」
We are still negotiating the deal with them.

＊deal　　「取引、契約」

105.イベント報告

> **件名:** キャリアアップ・ワークショップ

6月25日に開催されました、キャリアアップ・ワークショップに参加いたしました。すべての参加者の間で、活発な意見交換がなされ、非常に興味深く有意義でした。概要を添付いたしますので、ぜひ参考にして下さい。

> **Subject:** Workshop on Career Improvement

I participated in the workshop on career improvement on June 25. There was an active exchange of opinions among all the participants, which was very interesting and helpful.
I'm attaching a brief summary of the event, which I hope you find informative.

ポイント

出張報告と同じように、メール本文にアウトラインを箇条書きにする書き方もあります。189ページを参照して下さい。

語彙

- summary 「概要、要約」
- informative 「参考になる、有益な」

その他の表現

「ご意見を歓迎いたします」
Any comments you have would be welcome.

「フィードバックをいただけると幸いです」
I would very much appreciate your feedback.

106.意見を主張する

件名: 臨時営業戦略会議

私の考えるところでは、新規顧客の獲得が非常に厳しい状況なので、今期は大幅な増収増益を期待できません。そこで、この深刻な事態の打開策を練るために、早急に臨時営業戦略会議を招集することを、提案いたします。

Subject: Special Sales Strategy Meeting

In my opinion, we cannot expect to make significant increases in either sales or profit this quarter as we've been having an extremely hard time attracting new customers. So I propose that we hold a special sales strategy meeting as soon as possible to discuss ways we can overcome this serious situation.

ポイント

　　自分の意見を言うときは、あいまいな表現を避け明確に伝えます。ただし、発言を和らげることができます。その際は、I would say ～「仮に私の意見を言うとすると～です」が便利です。「～だと思うなあ」というニュアンスになります。

その他の表現

「私の見解では、目標達成は問題なく可能です」

　In my view, we can achieve our target without any problem.

「私は、彼の考えは非現実的だと思います」

　I would say his views are unrealistic.

107.意見、決定、企画などに同意する

件名: 就業規則改定案

就業規則の一部改定案に、全面的に賛成いたします。急成長を続けている、当社の実情に即したものに改定する必要があると、私も考えます。

Subject: Rules of Employment Proposed Amendment

I fully support a proposal to amend some parts of the rules of employment. I also believe that they should be amended in accordance with the circumstances of our company, which continues to grow at a fast pace.

ポイント

どの程度で賛成なのかの意思表示をします。

語彙

- rules of employment 「就業規則」
- amendment 「改定、修正案」
- in accordance with〜 「〜に合致した、即した」

その他の表現

「私たちは大筋で合意しています」
We are in agreement on the main points.

「御社のお考えにまったく賛成です」
We are in total accord with you.

　　＊ in accord with 〜 「〜と一致して」

「条件付きであれば、ご提案に合意できます」
We can agree to your proposal under certain conditions.

　　＊ under certain conditions 「ある条件下で」

108.意見、決定、企画などに反対する

> **件名:** プロジェクトＡのあなたのアイデアについて
>
> 残念ながら、プロジェクトＡに関するあなたのお考えを採用することができません。事案遂行に必要な莫大な予算の確保は、非常に困難と思われるからです。
>
> いずれにせよ、この度はご意見ありがとうございました。今後も斬新なご意見を期待しております。

> **Subject:** Your Ideas for Project A
>
> I'm afraid I can't support your thoughts on Project A because it would be impossible for us to secure the huge budget necessary to carry out your ideas.
>
> In any case, I appreciate your taking the time to present your vision and I hope to hear other interesting ideas from you in the future.

ポイント

反対する場合は、その理由とともにはっきり伝えるべきですが、相手の気持を傷つけないような配慮が必要です。そしてポジティブなトーンで締めくくります。

その他の表現

「貴殿の案には、反対せざるを得ません」
I have to oppose your proposal.

「あなたの企画を検討してみましたが、実現可能とは思えません」
I studied your plan carefully and have found that it is not feasible.

109.職務内容追加の指示

件名: アンケート結果集計

今やっている作業が終わったら、アンケート結果を分析して集計しておいて下さい。

Subject: Questionnaire Result

When you are finished with your current assignment, please analyze the questionnaire and aggregate the results.

ポイント

Please〜、Can you〜？が指示メールには便利です。

語彙

- questionnaire 「アンケート」
- be finished with 〜 「〜を終える」
- assignment 「与えられた仕事、課題」
- aggregate 「集計する、まとめる」

その他の表現

「プロジェクトの進捗状況を毎週報告して下さい」

Can you submit a progress report on the project every week?

＊progress report 「進捗状況報告」

「ホームページの情報を、常に更新しておいて下さい」

Please keep the information updated on our website.

＊updated 「(形容詞)更新した、最新の」

「今日は残業できますか」

Can you work overtime today?

110.苦情対応の指示

件名: IH社向けの出荷状況

IH社のダリアさんから今朝電話があり、注文品がまだ届いていないとのことです。即、配送センターに連絡を取って、出荷状況を調べて下さい。そして、折返し私まで連絡を下さい。

Subject: IH Shipment Status

Daliah from IH Co. called me this morning and said they haven't received their order yet. Please contact our distribution center immediately, track down the shipment and then get back to me with the status.

語彙

- track down 「追跡する」
- get back to〜 「〜に折返し連絡する」

その他の表現

「この問題の原因究明を徹底的におこなって下さい」

Can you please conduct a thorough investigation to determine the cause of this problem?

「ただちに代替品を出荷させて下さい」

Please have the replacements shipped immediately.

「できるだけ早く、返金処理をして下さい」

Please process the refund as soon as possible.

「これは、あなたがやるべき作業の一覧表です」

Here is the list of tasks for you to complete.

「必ずきちんと謝るように」

Be sure to make a proper apology.

111.緊急な仕事の指示

> 件名: [至急] 飛行機とホテルの手配
>
> 明日、緊急会議出席のため、ニューヨークへ出張すること
> になりました。大至急、飛行機とホテルの手配をお願いし
> ます。

↓

> Subject: [Urgent] Flight and Hotel Arrangement
>
> I'm going to NYC tomorrow to attend an emergency
> meeting. Please book a flight and hotel for me ASAP.

ポイント

[Urgent] やUrgent：の使用は、本当に緊急の場合に
限り、乱用しないように注意して下さい。35ページ
を参照して下さい。

語彙

・ASAP = as soon as possible

その他の表現

「この問題に早急に対処し、結果を知らせて下さい」
Can you deal with this matter immediately and let
me know the outcome?

「状況をただちに調査して下さい」
Please investigate the situation right away.

「多忙なのは承知していますが、明日の朝までにこの
企画書を仕上げて下さい」
I know you are busy, but I need you to finish up the
proposal by tomorrow morning.

＊ finish up 「最後の仕上げをする、完成する」

112.報告書記入漏れの指摘

件名: 調査報告書について

調査報告書をお送りいただき、ありがとうございました。表3の中に、記入漏れがあるようです。すべて記入の上、再提出をお願いいたします。

Subject: Inspection Report

Thank you for sending the inspection report. There appears to be an incomplete section in Table 3. Can you fill it out completely and resubmit it?

ポイント

appear / seem to ～を挿入すると、「～のように見える、思われる」というニュアンスが加わって、断定的でなくなり、非難めいた気持があまり入りません。

語彙

・inspection 「検査、検品、綿密な調査」
・table 「表」

その他の表現

「グラフを付け加えるのを、忘れているようです」
It appears you have forgotten to add graphs.

「報告書の最終ページが、未記入のままになっています」
The last page of the report hasn't been filled out yet.

「報告書に漏れがないよう、再確認して下さい」
Please double-check that the report is complete.
　　＊ double-check 「二重のチェックをする」

113. 請求書記入ミスの指摘

件名: 請求書の間違い（No. 587）

No. 587の請求書を確認していたのですが、商品番号L-141が記載されていません。ご確認いただけますでしょうか。

↓

Subject: Invoice Error（#587）

In checking invoice #587, I noticed that item L-141 has not yet been confirmed. Could you please check on this?

ポイント

相手のミスを指摘するときは、その事実を客観的に述べ、なるべく相手を非難しないようにします。つまり、You made a mistakeと言わないことです。There is a mistakeやAn error was madeのように、「ミス」を主語にすれば高圧的になりません。

語彙

- check on〜　「〜を確認する、調査する」
- confirm　「確認する、裏付ける、承認する」

その他の表現

「請求書にいくつかの間違いがあるようです」
I believe there are a few mistakes in your invoice.

「もう一度内容をご確認いただけますか」
Could you double-check the contents, please?

「重大な計算ミスがあります」
A big mistake has been made in the calculation.

114. 人、業者を推薦する

件名: ジル・ライリーさんご推薦

あなたがおっしゃっていた技術翻訳のお仕事に、ジル・ライリーさんを喜んでご紹介いたします。彼女はプロの技術翻訳家として、長年にわたる豊富な経験があり、また非常に信頼できる人物です。もしご興味があれば、彼女から直接そちらへ経歴書を送付していただきます。

Subject: Recommendation for Ms. Jill Riley

It's my pleasure to recommend Jill Riley for the technical translation job you mentioned. She has many years of experience as a professional technical translator and is an extremely reliable person. If you would be interested in meeting her, I will have her send you her resume directly.

その他の表現

「エマさんを、チームリーダーに強くお薦めします」
I can highly recommend Emma as the team leader.

「どこよりもまずTGF社を推薦いたします」
I have no hesitation in recommending TGF Co.

「提携先として、X社を自信を持ってお薦めします」
We can confidently recommend X Co. as a business partner worth considering.

「何人か推薦できる候補者がいます」
We have some candidates that we can recommend.

「もしご覧になりたければ彼の履歴書を送ります」
I can e-mail you his resume if you would like to review it.

115. 上司にアドバイスを求める

件名: 実行委員会の人選について

実行委員会のメンバーの人選に苦慮しています。優秀な候補者が多数おり、5名に絞り込むのが非常に難しいです。

人選で考慮すべき大事な点を、いくつかご教示いただけると助かるのですが。

↓

Subject: Executive Committee Selection

I am having a problem selecting personnel for the executive committee. There are too many good applicants and it's really hard to narrow down the list to just five.

I would be grateful if you could give me some of the important points to keep in mind for the selection process.

ポイント

アドバイスを求めるときは、できるだけ具体的に状況を説明します。

語彙

- personnel 「人員、人材」
- narrow down 「絞り込む」

その他の表現

「あなたのお考えを、ぜひお聞かせ下さい」
I am anxious to know what your idea would be.
　　＊ anxious to ～ 「～を切望する」

「次に何をするべきか、アドバイスをいただけますか」
Would you please advise me what to do next?

116.同僚にアドバイスを求める

件名:	ロス支店スタッフ夕食会

ロサンゼルス支店のスタッフのために、夕食会を準備するように指名されました。今回のメンバーのほとんどは、すでに何度も来日経験ありとのことです。どのようなところへ彼らをお連れするべきか、何か良いアイデアはありませんか。助けて下さい！

Subject:	Business Dinner for LA Branch Staff

I've been asked to organize a business dinner for our LA branch office staff. I've heard that most of the members have been to Japan many times already. Do you have any ideas on where I should take them? I would appreciate any help you can provide!

その他の表現

「この件に関して、アドバイスをいただけませんか」

Can you give me some advice on this matter, please?

　＊on this matter　「この件に関して」

「この場合、どう対処するのが一番良いでしょうか」

What would be the best way to deal with this situation?

「もしあなたが私の立場だったら、どのように対処しますか」

If you were in my shoes / position / situation, how would you handle this?

「あなたはこの件に関して、どの立場を取りますか」

What's your position on this matter?

117.部下にアドバイスをする

件名: 社内イベント準備

次回の社内イベント準備で、関係部署との連携、調整がうまくいってないようですね。この問題はコミュニケーションがうまくとれていないことが原因に違いありません。

これからは困ったことがあれば援助を求め、メールや定期ミーティングを通して、しっかりコミュニケーションを取り合って下さい。そして、掲示板を活用して下さい。

今後も、何か困ったことや質問があれば、いつでも連絡するように。喜んで相談にのりますよ。

↓

Subject: Company Event Preparation

It seems that collaboration and coordination among the departments working on the upcoming company event has been less than ideal. This problem most likely stems from poor communication.

Going forward, please ask for assistance when necessary and keep each other well informed through e-mails, regular meetings and by posting relevant information on the bulletin board.

If you have any other problems or questions, you can contact me anytime. I'm very willing to help.

語彙
- collaboration 「協力、協調、連携」
- coordination 「調整、協調、連携」

- upcoming 「次回の、今度の」
- going forward 「ゆくゆくは、将来は」
- post 「投稿する、掲示する、載せる」
- relevant 「関係のある、関連性のある」
- bulletin board 「掲示板」

その他の表現

「アドバイスを差し上げましょう」
Let me give you a tip.
　　*tip　「ヒント、助言、情報」

「私からのちょっとしたアドバイスですが」
Just my two cents.
　　*one's two cents　「自分の意見」(自分の意見を
　　　　　　　　　　　謙遜して伝えるときの表現)

「お役に立つと思われる情報をお送りします」
Here is some information which I think you might
find useful.
　　*find ～ useful　「～が役に立つことが分かる」

「これがお役に立つと良いです」
I hope this helps. / Hope this helps.

「ダニエルさんと連絡を取ったらどうでしょうか」
Why don't you contact Daniel?

「それについて考えがまとまったら、できるだけ早く
連絡します」
I'll think about it and get back to you as soon as
possible.

118.同僚への激励

件名: 頑張って！

今月、利益目標を達成できなかったと聞きました。残念でしたね。でも、あなたの実力と前向きな姿勢で、来月はきっと目標を達成できると信じています。頑張って！

⬇

Subject: Hang in There!

I just heard that you missed your profit goal this month. That's unfortunate, but I believe you can definitely reach it next month with your skill and a positive attitude. Just hang in there!

ポイント

　厳しく辛い状況にある人に、「頑張って」と声をかけるときは、hang in there を使います。「このまま少し我慢すれば、なんとか乗り越えられるから、あきらめないで」というニュアンスの励ましの言葉です。

その他の表現

「大丈夫、あなたならできる」
You can hold your own.
　＊ hold one's own　「持ちこたえる、屈しない」

「きっとあなたなら切り抜けられます」
I am sure you can get through it.
　＊ get through　「うまく通り抜ける、切り抜ける」

「うまくいくといいですね」
I hope it will work out fine.

「すべてがうまくいくことを、お祈りしています」
We hope everything goes well for you.

119.後輩への激励

件名: 前向きに考えよう

そんな小さなミスで、そこまで落ち込むことはないです。
失敗は成功の母。あなたはきっと、この経験から何かを学
び、そして成長するのだと思います。大丈夫、次はうまく
やれます！

Subject: Think Positive

Don't fret over such a small mistake. Failure is the mother of
success. You will learn and prosper from this experience.
Don't worry, you will do better next time!

語彙

・fret over 〜 　「〜に関して心を悩ます」

その他の表現

「そんなに落ち込むほどのことではありません」
It's not worth feeling so bad about.

「落ち込まないで」
Don't lose heart. / Don't let it get to you.

「その調子 / 負けないで / 頑張って！」
Stick with it / Stay up / Stay at it!

「私はあなたの味方ということを、覚えておいて下さ
い」
Please remember that I am on your side.

「災い転じて福となす」
Something good can come out of a difficult
situation.

＊ come out of 〜 　「〜から出てくる」

120.同業者への激励

件名：厳しい時期

御社が深刻な業績悪化に悩んでいるという記事を、今朝の新聞で読みました。同業者として、他人事ではありません。業界全体が厳しい状況です。

しかし、このまま頑張っていけば、いつかは業績を挽回していけるはずです。何とかこの過酷な時期を一緒に乗り越えて、今後の成功へとつないでいきましょう！

↓

Subject: Tough Times

I read a newspaper article this morning that mentioned your company has been suffering from a serious downturn in business. As a fellow trader, I can tell you that you are not the only one facing this situation. Our entire industry has been struggling under extremely difficult conditions.

However, in time, our business productivity seems certain to increase once again, as long as we keep up a constant effort. So let's get through these challenging times and move onto future success!

語彙

- downturn 「下降、低迷」
- struggle 「四苦八苦する」
- in time 「いつかは、そのうち、やがて」

その他の表現

「お互いに頑張りましょう！」
I wish us both luck!

121.同僚への称賛

> **件名:** 素晴らしかった！
>
> 今朝のあなたのプレゼンテーションは、素晴らしかったです！ 配布資料も、とても分かりやすく、読みやすかったです。そして何より、その話し方に感動しました。これからも、この調子で頑張って下さいね！

> **Subject:** Great Presentation!
>
> I just wanted to let you know how outstanding your presentation was this morning! The handouts were comprehensive and reader-friendly. Above all, I was impressed by your delivery. Keep up the good work!

ポイント

「頑張る」は、英訳しにくい日本語の一つです。keep up the good work は、「高度な仕事を維持する、良い仕事を続ける」という意味なので、「この調子で頑張って下さい」「引き続きよろしくお願いします」のニュアンスを伝えたいときに使えます。

語彙

- comprehensive 「分かりやすい、理解できる」
- reader-friendly 「読みやすい」
- delivery 「話し方、話ぶり、口調」

その他の表現

「頼りにしています！」
I'm counting on you!

「頑張って下さい！」
Keep it up! / Keep up the good job!

122.部下を評価する

件名： 特別展示会の成功

特別展示会が、大成功に終わりました。参加者数は記録的な数字となり、大盛況でした。出展者の皆様にも、非常に満足していただけたようです。

皆さんの素晴らしい仕事に、改めて感謝します。わがチームを誇りに思います！

Subject： Your Successful Exhibition

The special exhibition turned out to be extremely successful. There were a record-breaking number of participants and the event itself was enthusiastically received by everyone involved. In addition, the exhibitors were very pleased with the results.

Thank you again for your incredible work. I'm really proud of our team!

ポイント

部下が良い仕事をしたときは、積極的にそれを評価し、言葉で伝えます。

その他の表現

「皆さんの努力と献身で企画が成功しました」
Your efforts and devotion made the project a great success.

「好成績は、あなたの素晴らしい働きによります」
We were able to achieve solid results thanks to your excellent work.

123.遅刻、欠勤の多い社員を注意

件名: あなたの遅刻に関して

最近、非常に遅刻が多いという報告が、あなたの上司から
なされており、これを見過すことはできません。今後は会
社の規則に従うと信じていますが、もし改善が難しい何か
深刻な理由があるのであれば、相談して下さい。いつでも
電話をしてもらって結構です。

Subject: Arriving Late for Work

It has been observed by your supervisor that you have
repeatedly been arriving late for work, which is not
acceptable. We trust you will follow the company rules in
this regard. If you have some difficulties in resolving this
problem, let's discuss it. You can call me anytime.

ポイント

　まず問題を指摘し、それに対して注意をします。そ
してその問題を繰り返さないように指示、要請します。

その他の表現

「あなたの度重なる遅刻には困っています」
　We are not comfortable with your repeated late
　arrival at work.

「あなたの欠勤の多さには憤慨しています」
　We are upset about your frequent absences.

「このような問題を繰り返さないよう努めて下さい」
　You should take measures to prevent this problem
　from happening again.

　＊ take measures to 〜　「〜するための手を打つ」

124. 業績不振の社員を注意

件名: あなたの最近の業績について

あなたがずっと社のために懸命に働いていることを、よく理解しています。それに、長時間勤務で頑張っていることも分かっています。しかし、最近の営業成績が芳しくないので、心配しています。

これからは、もっと新規顧客開拓に力を入れたらどうでしょうか。きっと、売り上げの増加につながると思います。頑張って下さい！

Subject: Your Recent Performance

On several occasions, I've acknowledged that you've been working really hard for the company. I'm also well aware of your long working hours. However, I'm concerned about your sales performance, which overall has been rather poor.

Going forward, I would strongly suggest you pay extra attention to finding potential customers. I trust this will go a long way towards improving your sales. Good luck!

ポイント

　最初に相手を評価してから、問題を指摘し、注意をします。何かアドバイスや指示があればそれを加え、最後に相手を励まして締めくくります。

語彙

- on several occasions   「何回も、幾度も」
- going forward   「ゆくゆくは、将来は」
- potential customer   「見込み客、潜在顧客」
- go a long way towards 「とても役に立つ」

その他の表現

「ノルマが達成できていませんね」
You haven't achieved your quota.

 ＊ quota   「割当数量、ノルマ」

「最近、仕事ぶりが落ちていますね」
Your work has been slipping recently.

 ＊ slip   「低下する、衰える、落ちる」

「最近、仕事に身が入らないようですね」
You've been laying down on the job lately.

 ＊ lay down on the job 「仕事に身が入らない」

「残念ながら、望ましい結果が出ませんでしたね」
Unfortunately, you failed to yield desirable results.

 ＊ fail to ～ 「～できない」

 ＊ yield   「(利益などを)生む」

「この問題を一緒に解決していきましょう」
We should work out a solution to this problem.

 ＊ work out   「解決する」

 ＊ solution to ～ 「～の解決法」

「この次は頑張って下さい！」「今度はうまくいくよ！」
Better luck next time!

125. 転勤、異動、転職、退職の挨拶

件名： AAA社退職のご挨拶

3月31日付けで、AAA社を退職することになりました。香港支店勤務中は、ご高配を賜り誠にありがとうございました。ご一緒にお仕事をさせていただき、とても有意義でした。

今後はジニー・セイジが新しい担当となります。私へのご支援同様、今後は彼女をどうかよろしくお願いいたします。

いずれまたご一緒する機会がありますことを、祈っております。本当にありがとうございました。今後ともよろしくお願いいたします。

↓

Subject： Leaving AAA

This is just to let you know that I'll be leaving AAA on March 31. Thank you very much for your kind support during my time at the Hong Kong office. I really enjoyed working with you.

Your new company contact will be Ms Ginny Sage. I would very much appreciate your giving her your support as she takes over from me.

I hope that our paths will cross again in the future.Thanks again and please stay in touch.

ポイント

転職や退職の理由はあまり詳しく書く必要はありませんが、明るく前向きなトーンにします。そして後任

者や今後の予定などを簡潔にまとめます。

その他の表現

「今回人事異動により、私はフランクフルト支店へ転勤となります」

As a result of personnel changes, I would like to inform you that I will be relocated to the Frankfurt branch.

＊ personnel change 「人事異動」

「私は4月1日付けで、広報部へ異動になりました」

I have been transferred to work in the public relations department as of April 1.

「実は最近、転職をいたしました。現在、XYZ社で輸出販売部長として勤務しております」

I just wanted to let you know that I recently changed jobs. Now I work for XYZ Co. as an Export Sales Manager.

＊ change jobs 「転職する」

「今まで色々とご援助いただき、ありがとうございました」

Thank you so much for your support during these past years.

「山口美香が、職務を引き継ぎます。近いうちに本人から、連絡がいくと思います」

Mika Yamaguchi will take over my duties and I am sure she will be in touch with you soon.

126. 昇進、就職の挨拶

件名:	役職変更のお知らせ

私は、2月の昇進試験に無事に合格いたしましたので、4月より、課長から部長へと役職変更となる予定です。

新しい職務は大変だと思いますが、キャリアを伸ばす大きなチャンスと思い、張り切っています。今後ともご指導、ご鞭撻のほどよろしくお願いいたします。

Subject:	Job Title Change

Since I passed the promotion test held in February, my title will be changing from Section Chief to Department Director in April.

My new position will be challenging but I am also excited about the opportunity for career development. I appreciate your help and encouragement.

その他の表現

「私は、10月1日付けで最高総務責任者に昇進いたします」

Effective Oct. 1, I will be promoted to CAO.

＊CAO=Chief Administrative Officer
「最高総務責任者」

「国内有数の自動車メーカーに就職することにしました」

I have decided to join one of the largest auto manufacturers in Japan.

127. クリスマスと年末年始の挨拶

件名: 楽しい休暇をお過ごし下さい！

この1年、大変お世話になり、誠にありがとうございました。来年が、皆様とご家族にとってこれまで同様、豊かなものであることを、お祈りいたします。素晴らしい新年をお迎え下さい。

Subject: Happy Holidays!

We deeply appreciate your great support throughout the year. We hope this coming year will be as prosperous as ever for you and your family. Best wishes for a very Happy New Year.

ポイント

Happy Holidays は、世の中のさまざまな宗教に対応できる時候の挨拶です。他にも、Season's Greetings があります。もちろん、相手がキリスト教徒と分かっている場合は、Merry Christmas で問題ありません。また、Happy New Year は「あけましておめでとうございます」だけでなく、「良いお年を」の意味がありますので、12月後半から使えます。そして、Regards や Sincerely のような結辞の代わりに、Happy Holidays と書けば、季節感が出ます。

その他の表現

「新年が皆様に幸せをもたらすことを願っています」
I hope the New Year brings you much happiness.

「皆様のご多幸をお祈りいたします」
Please pass on my warmest holiday wishes to all.

128. 結婚、出産のお知らせ

件名:	結婚しました！

遂に落ち着きました。先週結婚しました！新婚旅行に、1週間行ってきます。7月3日には仕事に戻りますので、よろしくお願いします。

Subject:	Just Married!

I've finally settled down. I just got married last week! I'm going on my honeymoon for a week and I'll be back to work on July 3. Thanks!

ポイント

結婚や出産のお知らせは、ビジネス上でも、通常、親しい間柄の人にしか出さないので、カジュアルな表現で問題ありません。

語彙

・ settle down 「結婚して身を固める」

その他の表現

「ちょっとしたニュースがあります。結婚します！」
Here's some news for you. I'm getting married!

「私たちの初めての赤ちゃんが、昨日生まれたことをお知らせします！」
I'm proud to announce that our first baby was born yesterday!

「母子ともに健康で、彼女は10月上旬には仕事に復帰します」
Both she and the baby are doing really well. She'll be back to work at the beginning of October.

129.栄転、昇格のお祝い

> **件名:** 昇格おめでとうございます！
>
> 執行役員に昇格されたと聞いて、とても嬉しく思います。
> この度の昇格は、あなたの業績を考えれば当然のことです。
> この素晴らしい門出を祝し、今後の末永いご成功をお祈り
> しています。

> **Subject:** Congratulations on Your Promotion!
>
> I am so glad to hear that you've been promoted to
> Operating Officer. This is a promotion you fully deserve.
> Here's to a great start and a long string of successes!

ポイント

congratulationsは、必ず複数形で使います。

語彙

・operating officer 「執行役員」
・string of 〜 「一連の〜、連続の〜」

その他の表現

「プロジェクトマネージャーに任命されたと聞いて、
とても嬉しいです」
I'm so happy to hear that you've been appointed to
Project Manager.

「間もなく支店長になると思っていました！」
We were sure you would be Branch Manager before
long!

＊before long 「間もなく、やがて」

「新しいお仕事でのご健闘を、お祈りいたします」
Best wishes on your new assignment.

130.受賞のお祝い

> **件名:** おめでとうございます！
>
> あなたの率いるチームが、ベストデザイン賞を受賞したと聞きました。あなたの努力と才能に感服です！　引き続いてのご成功を、お祈り申し上げます。

> **Subject:** Congratulations!
>
> I've just heard that your team won the Best Design Award. Your efforts and talent are very impressive! Best wishes for continuing success.

ポイント

　単に「おめでとうございます」だけでなく、相手の功績に対する感想を一言添えます。

その他の表現

「著名な賞の受賞おめでとうございます！」

Congratulations on receiving such a prestigious prize!

「あなたのその見事なご功績を知って、本当に感激しました」

I was so excited to hear about your great achievement.

「あなたのお仕事に対するご功績が認められて、嬉しく思います」

I am very happy that you are being recognized for your fine work.

「あなたのご功績は、本当に素晴らしいです！」

Your accomplishments are absolutely amazing!

131.創立記念のお祝い

件名: おめでとうございます

御社の創業30周年の報に接し、心よりお祝い申し上げます。今日こうして、業界内で卓越した地位を築かれましたのも、御従業員の皆様の日々の努力と、確固たる品質追求の成果と拝察いたします。御社のますますのご発展を願っております。

Subject: Congratulations

I heard you are celebrating your companies' 30th anniversary in business. Congratulations! It's clear that you've built your leading position in the industry through a lot of hard work and an unwavering demand for quality. We would like to wish you continued outstanding success.

語彙

- unwavering 「確固たる、ゆるぎない」
- outstanding 「傑出した、目立った」

その他の表現

「創立50周年、おめでとうございます！」
Congratulations on achieving your 50th year in business!

「御社の引き続きのご発展を祈念しております」
We look forward to the continuing growth of your company.

「今後とも末永くよろしくお願いいたします」
We look forward to doing business with you for many years to come.

132.新事務所、新支店開設のお祝い

> **件名:** おめでとうございます！

この度は、北京支店ご開設、心からお祝い申し上げます。
この支店開設は、強力な新しい収益源となり、また御社の
今後の発展基盤になるとご期待申し上げます。

> **Subject:** Congratulations!

I'd like to extend you our congratulations on the opening of
your new branch office in Beijing. We expect that it will
provide you with a strong new revenue stream and serve as
the foundation for the future growth of your company.

その他の表現

「この度の中国への進出、おめでとうございます！」
Congratulations on your recent expansion into
China!

「アジアにまた新しく事務所を開設されたと聞き、嬉
しく思っています」
We are excited to hear that you've just opened
another office in Asia.

「新営業所開設、心よりお祝い申し上げます！」
My heartfelt congratulations on opening the new
service office!

「引き続きのご成功を！」
Wishing you continued success!

「御社のますますのご発展をお祈りしております！」
Best wishes in your future business endeavors!

133.独立、開業、開店のお祝い

件名:	独立おめでとうございます！

ご自身のコンサルティング会社を立ち上げたと、お聞きしました。おめでとうございます！　あなたほどの素晴らしいご経歴と専門知識、そして豊富な経験があれば、きっとご成功をおさめられると思います。ご幸運をお祈りしています。

Subject:	Congratulations on Your New Business!

I heard that you've started your own consulting firm. Congratulations! I'm sure you'll be successful considering your impressive background, expertise and extensive experience in the field. I wish you all the best.

ポイント

　お祝いの後に、相手のビジネスの成功を祈る一言や、期待の気持を述べます。

その他の表現

「独立して事業を起こされたそうで、とても嬉しく思っております」

I'm very happy to hear that you've launched your own business.

「きっと成功すると確信しています」

I have no doubt that you'll succeed / be successful.

「新規事業で成功しますように」

I wish you success with your new venture.

＊ venture 　「冒険的事業」

134. 結婚のお祝い

件名: ご結婚おめでとうございます

ダンさんとつい最近ご結婚なさったと、お聞きしました。
おめでとうございます！ おふたりの人生が、喜びと幸せ
でいっぱいになりますように！

Subject: Congratulations on Your Marriage

I've heard that you just got married to Dan. Congratulations!
I hope that your life together will be full of joy and
happiness!

その他の表現

「ご結婚のお祝いを申し上げます」

I would like to extend my best wishes on your
marriage.

「どうぞ末永くお幸せに」

I wish you much love and happiness. /

Long life and happiness to you both. /

I hope you will be very happy together. /

I hope you will share a long and happy life together. /

My best wishes for your future happiness together.

「おふたりは、とてもお似合いです」

You two make a beautiful couple.

「これ以上嬉しいことはありません」

We couldn't be happier for you.

「(あなたのハートを射止めた)そのラッキーな人は誰
ですか」

So who is the lucky man / guy / woman / lady?

135.出産のお祝い

> **件名:** ご出産おめでとうございます！

女の子をご出産されたと、お聞きしました。なんて素晴らしいのでしょう！　本当におめでとうございます！　あなたの赤ちゃんが健やかに、そして幸せに育っていくことをお祈りしています。

⬇

> **Subject:** Congratulations on Your New Baby!

I've heard that you had a baby girl. How exciting! Congratulations! I hope your child enjoys a very healthy and happy life.

その他の表現

「男の子の誕生、おめでとうございます！」

Please accept our warmest congratulations on the birth of your baby boy!

「ご家族に、新しいメンバーが加わったと聞きました！」

We heard you recently added a new member to your family!

「赤ちゃん誕生と聞いて、みんなワクワクしていました！」

We were all thrilled to hear about the birth of your baby!

「可愛い赤ちゃんの写真を送って下さい！」

Please send us your beautiful baby's photo!

「いつか赤ちゃんに会わせて下さい！」

I would love to meet the baby someday!

136.地震、水害、台風、火事のお見舞い

> **件名:** お見舞い申し上げます
>
> 今回の地震で、ご自宅がかなりの被害にあわれたと聞きました。心からお見舞い申し上げます。大変心配しておりますので、何か私どもにできることがございましたら、どうかお知らせ下さい。

> **Subject:** Our Thoughts Are with You
>
> I am extremely sorry to hear that your house was badly damaged during the earthquake. All of us are very concerned about your situation. If there is any way that we can help, please feel free to contact us.

ポイント

お見舞いのメールでは、温かい同情の念と励ましの気持を伝えます。

語彙

・one's thoughts are with〜　　「〜の心痛がわかる」

その他の表現

「台風 / 水害 / 火事の被害が甚大ではなく、あなたとご家族が無事であることを、祈っています」

We hope that there has been no serious damage from the typhoon / flooding / fire and that you and your family are safe.

＊flooding　　「洪水、はんらん、水害」

「皆様のご心痛、いかばかりかとお察しいたします」

Please know that our thoughts are with you and your family at this difficult time.

137.病気、怪我、事故などのお見舞い

件名:	早く元気になられますように

ご病気とお聞きしました。お見舞い申し上げます。しっかり休んで、のんびりして下さいね。早くお元気になられるようお祈りしています。

Subject:	Get Well Soon

I'm sorry to hear that you've been sick. Please be sure to rest well and relax. I hope you will feel better soon.

その他の表現

「事故に遭われたと聞いて、たいへん驚いております。大事に至っていないと良いのですが」

I was shocked to hear that you had an accident. I hope it's nothing serious.

「奥様が入院されたと聞き、心からお見舞い申し上げます」

We were very sorry to hear that your wife has been hospitalized.

「お怪我から早く回復されますように」

We hope you will soon recover from the injury.

「くれぐれもお大事にして下さい」

Please take good care of yourself.

「何か私にお手伝いできることがあれば、お知らせ下さい」

If there's anything I can do for you, please let me know.

138.雇用者、従業員、その家族の死亡

> **件名:** お悔やみ申し上げます
>
> スミス氏が亡くなられたと、お聞きしました。スミス氏の
> ご冥福を、心よりお祈りいたします。そして、あなた様が
> この大きな悲しみを乗り越えられますことを、合せてお祈
> りしています。
>
> 心よりお悔やみを申し上げます。

> **Subject:** My Condolences
>
> I am very sorry to learn of Mr. Smith's passing. May he rest
> in peace and may you overcome this great loss.
>
> My thoughts are with you.

ポイント

　メールでお悔やみのメッセージを送った後に、改め
てカードを郵送します。

語彙

・passing　　　「死」(deathの遠まわし語)
・May 〜 rest in peace「〜が安らかに眠られますよう
　に」→「ご冥福をお祈りいたします」

その他の表現

「ご遺族の皆様に、心からお悔やみ申し上げます」
　I would like to offer my condolences to you and
　your family.
「悲報に接し、なんとお慰めしてよいのか言葉もあり
　ません」
　I can't tell you how sorry I am to hear of your loss.

139.取引成立のお礼

| 件名: | お取引ありがとうございました |

この度は、弊社にお取引の機会を与えていただき、誠にありがとうございました。私もすべての懸案事項について合意に達しましたことを、大変喜ばしく思っております。

| Subject: | Thank You for Your Business |

Thank you very much for extending the opportunity for us to do business with you. I'm also very pleased that we have reached agreement on all open issues.

語彙

- extend 「与える、差し伸べる」
- open issue 「懸案事項」

その他の表現

「御社とお取引させていただき、光栄に存じます」

It's been a pleasure to do business with you. /
It's truly been our pleasure to serve you.

「このお取引が両社に多大な利益をもたらし、また末永く続くものとなりますよう祈っております」

We hope for a long-term business relationship that will be mutually beneficial to both companies.

＊ mutually 「お互い」
＊ beneficial 「有益な」

「お取引が成立し、大変嬉しく思っております」

We are very pleased that we were able to complete the deal.

140.依頼を受諾してもらったお礼

件名: ありがとうございました！

今回は、こちらの無理なお願いを聞き入れて下さって、本当にありがとうございました。とても助かります。いつかこのお返しができるものと思っております。

Subject: Thank You Very Much!

Thank you so much for accepting our difficult request. Overall, this will surely make things easier for us. I hope I can return the favor to you someday.

その他の表現

「問題をうまく処理して下さって、本当にありがとうございました」

Thank you very much for taking care of the problem so effectively.

「お忙しい中、お時間を費やしていただいて感謝しています」

Thank you for taking time out of your busy schedule.

「あなたのお力添えに対する感謝の意を、お伝えいたします」

I would like to express my appreciation for your help.

「あなたのご親切に対して、もしお返しができるようなことがあれば、ぜひお知らせ下さい」

Please let us know if we can ever return your kindness.

141.会合参加へのお礼

件名: 工場見学会参加のお礼

弊社の工場見学会へご参加いただき、ありがとうございました。今回の見学会が、皆様にとって有意義、かつ楽しめるものであったことを願っております。また、今回の見学で、弊社の生産能力の高さをお分かりいただけたと思います。今後も何かご質問等がございましたら、遠慮なくお問い合わせ下さい。

Subject: Thank You for Joining Our Factory Tour

Thank you very much for joining our factory tour. We hope it was both informative and entertaining. Hopefully you now have a good understanding of our highly advanced manufacturing capabilities. If you have any further questions, please feel free to contact us.

語彙

・informative	「有益な、参考になる」
・highly advanced	「高度に、かなり進んだ」
・manufacturing capability	「生産能力」

その他の表現

「ご参加いただき、とても感謝しています」
Thank you very much for your interest and participation.

「金融セミナーへご参加下さいました皆様に、感謝の意を表します」
Let me express my thanks to everyone who attended our financial seminar.

142.アドバイスに対するお礼

件名:	アドバイスありがとうございました

あなたのアドバイスのおかげで、無事に契約が取れそうです。本当にありがとうございました。今後また、何かアドバイスがあれば、ぜひよろしくお願いします。

Subject:	Thank You for Your Advice

It looks like I will be able to win the contract thanks in large part to your advice. I really appreciate your help! Any additional advice you have for me in the future would be most welcome and appreciated.

語彙

・win a contract 「契約を取る」

その他の表現

「かなり助かりました」

This was a big help.

「あなたのアドバイスで救われました」

Your advice really saved the day.

＊save the day 「人を困難から救う」

「いただいた情報はかなり有用でした」

The information you gave me was very helpful.

「あなたにはたくさん借りができました→ありがとう」

I owe you a lot.

＊他にもI owe you one / big time.があります。これらは「恩に着るよ」というニュアンスの、非常にカジュアルな感謝の表現です。

143.激励に対するお礼

件名： 激励ありがとうございます

あなたの心からの激励があって、目標を達成することができました。あなたに励まされて、ますます努力しようという気持になり、良い結果につながりました。色々とありがとうございました。もし、何かお返しにできることがあれば、何でもお知らせ下さいね。

Subject： Thanks for Your Encouragement

I'm glad to say I was able to achieve my goal thanks to your sincere encouragement. You inspired me to make an even greater effort, which paid off in the end. Thanks again for everything and please let me know if there's anything I can do for you in return.

語彙

- encouragement 「激励、励まし」
- inspire ～ to… 「～に…する気を起させる」
- in return 「お返しに」

その他の表現

「変わらぬ支援をありがとうございます」

We are grateful for your continuing support.

「多くの激励メールをいただいて嬉しかったです」

I was very pleased to receive so many e-mails offering words of encouragement.

「私も、いつもあなたのためにここにいいます」→「いつでもあなたのお力になりたいと思っています」

I'll always be there for you, too.

144.接待や世話を受けたお礼

件名:	ありがとうございました！

私の米国滞在中は、たいへん手厚いおもてなしをいただきまして、心より感謝いたします。あなたが日本にお越しになる際は、あなたのご親切に対して、ぜひお返しをさせていただきたいと思っております。

Subject:	Thank You Very Much!

I would like to sincerely thank you for the warm hospitality extended to me during my stay in the US. When you come to Japan, I would like to return the same courtesy to you.

語彙

・courtesy 「丁寧、親切」

その他の表現

「温かいおもてなしとご親切に、心から感謝いたします」

Thank you so much for your hospitality and generosity.

＊generosity 「寛大、物惜しみしないこと」

「空港でのお出迎え、またホテルへもご案内して下さって、ありがとうございました」

Thank you for picking me up at the airport and also for taking me to the hotel.

「あなたのご好意に対して、返礼の機会をいただきたいと思っています」

I hope to have the opportunity to return your hospitality.

145. お祝いのお礼

件名: ありがとうございました！

今回の、私のベストデザイン賞受賞に対してのお祝いを、ありがとうございました。この栄誉ある賞に恥じないよう、今後も最善を尽くしていくつもりです。

Subject: Thank You!

Thank you so much for sending your words on congratulations on my Best Design Prize award. I will do my best to live up to this prestigious award.

語彙

- ・live up to 〜　　「〜に恥じない行動をする」
- ・prestigious　　「栄誉ある、一流の」

その他の表現

「私の誕生日を覚えていて下さって、嬉しいです」
It was so nice of you to remember my birthday.

「素敵な贈り物に、何とお礼を申し上げたらよいのかわかりません」
I cannot thank you enough for your wonderful gift.

「そんな風に言って下さって、どうもありがとう」
It's very nice of you to say that.

「お祝いカードを、どうもありがとうございました。嬉しかったです」
Thank you very much for your congratulatory card. I was flattered.

　＊ congratulatory　　「お祝いの」
　＊ be flattered　　「嬉しく思う、光栄に思う」

146. お見舞いのお礼

件名: お見舞いありがとうございました

先日は、病院にお見舞いに来て下さって、ありがとうございました。元気づけられましたし、お話しができてとても楽しかったです。おかげさまで順調に快復しており、来月には職場復帰できそうです。

Subject: Thank You for Your Visit

Thank you so much for visiting me in the hospital the other day. Your visit really helped my spirits, and I enjoyed talking with you. Fortunately, I'm getting a lot better and it seems I will be able to return to work next month.

ポイント

「おかげさまで」も、英語に訳しにくい日本語の一つです。「〜のおかげで」というときは、thanks to〜で良いのですが、単なる挨拶語や枕詞のように使う場合は、特に訳さないか、サンプルメールにあるようにFortunately、あるいはLuckilyなどで表現します。

その他の表現

「温かいメッセージありがとうございます」
Thank you for your kind words.

「私が不在の間、代理を務めて下さってありがとうございます」
Thank you for filling in during my absence.
　　＊ fill in 　「代理を務める、〜に代わる」

「災害から徐々に立ち直りつつあります」
We are recovering from the disaster.

147.お悔やみへのお礼

件名: ありがとうございました

この度は、お悔やみのカードをいただき、ありがとうございました。私は家族とともに、悲しみから立ち直りつつあります。あなたの深い思いやりと優しい心づかいに、深く感動しました。

Subject: Thank You Very Much

Thank you for your card of condolence. My family and I are still recovering from our loss, but we are deeply touched by your compassion and kind thoughts.

語彙

・be touched by 〜	「〜に心を打たれる、感動する」
・compassion	「同情、深い思いやり」
・kind thoughts	「優しい心づかい」

その他の表現

「とても苦しい時期に、心の支えになっていただきありがとうございました」

I'd like to express my gratitude to you for your emotional support during such a difficult time.

「あなたの心のこもったお悔やみの言葉に、たいへん慰められました」

I took great comfort from your thoughtful expressions of sympathy.

「とても嬉しかったです」

That means a lot to me.

＊ mean to 〜 「〜にとって重要性を持つ」

148. 寄付のお礼

件名: 寄付のお礼

この度は、御社の寛大な寄付に感謝の意を表します。ご厚意を無駄にしないことを、お約束いたします。

↓

Subject: Thank You for Your Donation

We would like to extend our gratitude for your generous contribution. We will do our best to make the most of your donation.

語彙

- donation 「寄付、贈与」
- generous contribution 「寛大な寄付 / 貢献」
- make the most of ～
  「～を最大限に活用する」→「～を無駄にしない」

その他の表現

「ご好意に感謝いたします」
We appreciate your thoughtfulness.
　＊ thoughtfulness 「心づかい、好意」

「寛大な寄付に感謝いたします」
We thank you for your generous donation.

「皆様からいただいた、ご好意とお力添えに感謝いたします」
Thank you for your kindness and support.

「困窮している被災者への寄付に、感謝いたします」
We are grateful for your contribution to the victims during their time of need.
　＊ time of need 「必要時、危急の時期」

149.海外出張の手配

件名：	ホテルの予約

私どもで、ホテルの予約をお手伝いさせていただきます。
都内で、ご希望のエリアはございますか。また、禁煙か喫
煙かのご希望をお知らせ下さい。

Subject：	Hotel Arrangements

I would be happy to make hotel reservations for you. Is
there a particular area of Tokyo you would like to stay in?
Also, would you like a smoking or a non-smoking room?

その他の表現

「ご希望の航空会社はございますか」

Would you prefer any particular airline?

＊ particular 「特定の」

「ホテルから弊社までの地図を、添付いたします」

I'm attaching a map that shows how to get from
your hotel to our office.

「成田までお迎えに上がります。税関の出口をちょう
ど出たところで、お待ちしております」

I will pick you up at Narita. I will be waiting for you
just outside the customs area.

＊ customs 「税関」

「空港から新宿まで、高速リムジンバスか成田エクス
プレスに、お乗り下さい」

Please take an airport limousine bus or the Narita
Express train from the airport to Shinjuku.

150. メールのトラブル

> **件名:** ネットワークダウン
>
> 返信が遅くなり、申し訳ございません。昨日、弊社のネットワークが丸一日ダウンして、今日の午後やっと復旧したところです。

⬇

> **Subject:** Network Down
>
> I apologize for this late reply. Our network was down all day yesterday, and it has only come back on line this afternoon.

その他の表現

「添付ファイルを開けることができません」
　I can't open the attached file.

「私のコンピューターが壊れて、すべてのデータをなくしてしまいました」
　My computer crashed and I lost all the data.

「私のアドレスを、メーリングリストから削除していただけませんか?」
　Could you remove my e-mail address from your mailing list, please?

「私にはCCしないで下さい」
　Please do not cc me.

「申し訳ございませんが、文字化けしていてメッセージを読むことができません。もう一度送っていただけませんか」
　I'm sorry, but the characters in your e-mail are illegible. Can you please resend the e-mail?

　＊illegible　「判読しがたい、読みにくい」

著者略歴 ────

大島さくら子 (おおしま・さくらこ)

横浜市生まれ。英語講師／通訳、語学コンサルタント。
オフィス・ビー・アイ代表取締役。JALアカデミー国
際教育事業部をはじめ、早稲田大学エクステンション
センター、港区国際交流協会など多くの企業、団体で
英語講師を務める。学習院女子短期大学（現・学習院
女子大学）卒業、Temple University Japan（教養学部、
アジア学専攻）卒業。Oxford University（1 academic
year）留学。著書に『実践ビジネス英会話』『中級から
の英文法』（共にベレ出版）。英検1級、TOEIC® 990。

英文校正／監修	Eric Olson
英文校正	Rike Wootten　Will Johnston
英文／和文校正	渡辺則彰　岩澤明美　藤原純子
	和田翻訳室　麦秋アートセンター

角川SSC新書 061

絶対に使える英文eメール作成術

| 2009年1月25日　第1刷発行 |
| 2010年1月9日　第2刷発行 |

著者	大島さくら子
発行者	田口惠司
発行所	株式会社 角川SSコミュニケーションズ
	〒101-8467
	東京都千代田区神田錦町3-18-3 錦三ビル
	編集部　電話03-5283-0265
	営業部　電話03-5283-0232
印刷所	株式会社 暁印刷
装丁	Zapp!　白金正之

ISBN978-4-8275-5061-0

角川SSC新書の新刊

自分の道についての説明書はない。人生に迷ったとき「自分道」を貫いた先人の生き方が一つのヒントになる。あなたの心に効く一冊。

脆弱な社会保障政策で大貧困国家になってしまった日本。貧困連鎖は止められるのか? 暮らしやすい日本にするための処方箋を説く。

ビッグ3ショックは序章に過ぎない。これから世界中で起こるリストラと倒産、国家破綻の危機を生き延びる方策はあるのか?

鬱、顰蹙、薀蓄、儀悔、痙攣……もう、どんな漢字も怖くない! 一発で覚えられる魔法の漢字記憶術。漢字検定受験者必読の書!

書くのに時間はかかるし、間違いがないか不安……といった英文メールの悩みはこの一冊で解決! ビジネスシーンで役立つ150例を収録。